Fabián J. Ciarlotti

Ayurveda y las 9 emociones

AYURVEDA Y LAS 9 EMOCIONES
es editado por
EDICIONES LEA S.A.
Av. Dorrego 330 C1414CJQ
Ciudad de Buenos Aires, Argentina.
E–mail: info@edicioneslea.com
Web: www.edicioneslea.com

ISBN 978-987-718-574-4

Primera edición. Impreso en Argentina.
Noviembre de 2018. Pausa Impresores

Ciarlotti, Fabián
    Ayurveda y las 9 emociones / Fabián Ciarlotti. - 1a ed. -
Ciudad Autónoma de Buenos Aires : Ediciones Lea, 2018.
    128 p. ; 23 x 15 cm.

    ISBN 978-987-718-574-4

    1. Ayurveda. 2. Desarrollo Emocional. I. Título.
CDD 158.2

Introemoción

Nava rasa significa "nueve emociones" y, como toda palabra sánscrita, puede significar, además, varias cosas (polisemia), así *rasa* es emoción, gusto, sabor, mercurio, semen de Shiva, paz, dicha, rejuvenecimiento, jugo, esencia, amor, humor, asombro, coraje, paz, savia, plasma, linfa, etc. Y a su vez cada nombre en sánscrito de una emoción engloba a varias de éstas.

Los nueve *rasa* son la columna vertebral del resto de las emociones, que fueron codificados en el *Natya shastra* (escrito entre 200 a.C. - 300 d.C) y formaron la premisa de la cual evolucionaron las tradiciones de danza, música, teatro, arte y literatura. Escrito por Bharata Muni, enumera en realidad ocho rasa, un noveno fue agregado por el erudito tántrico y filósofo Abinavagupta.

Estos nueve *rasa* nacen de los nueve *bhava*, palabra que significa un estado o condición a partir de la cual nace la emoción. *Bhava* es actitud, imagen mental, afección, afecto y efecto... significa un patrón biológico que desencadena la emoción y dirige la atención de una manera específica. Es decir, que los nueve *bhava* son la condición sobre la cual nace la emoción.

Por su parte, la medicina hindú tradicional es llamada Ayurveda, término formado con las palabras sánscritas *ayus,* vida y *vid, vidya,* conocimiento, sabiduría. Ayurveda, entonces, es *sabiduría de vida.*

En este nuevo libro veremos Ayurveda por un lado, y emociones o *rasa* por otro, para luego cruzar ambos conceptos acercando los biotipos con sus tendencias a cada emoción, y el posible manejo de las mismas.

Desde un estado de pocos *rasa* de un bebé (hambre, incomodidad, felicidad, satisfacción) crecemos hasta convertirnos en un complejo de emociones. A medida que maduramos, nuestra personalidad se vuelve más variada, intrincada y comienza a mostrar una gama completa de *rasa.*

Con una antigüedad de más de 2.500 años y una fusión de culturas y teorías que lo fundamentan, el eneagrama podría ser el *navarasa* actual, su aparición en nuestra época se debe a George Gurdjieff, que estaba convencido de que los antiguos (*navarasa*) habían desarrollado una ciencia completa para transformar la psique humana y que ese conocimiento se había perdido tiempo después. Según Gurdjieff, esta ciencia nos permite establecer sentidos y maneras más plenas de vivir en base al estudio y conocimiento de los nueve eneatipos o tipos de personalidad, lo que nos posibilita relacionarnos en profundidad con nosotros mismos, con los demás y con un mundo cada vez más dinámico e incierto.

Siete de los nueve afectos de la ciencia occidental se alinean con los nueve *rasa* (hablo de *rasa* o emoción indistintamente) de la filosofía india. Los dos que varían son *vira*: coraje, y *hasya*: risa, alegría.

Las emociones también implican predisposiciones para la acción. Y hay una sutil diferencia entre emoción, sentimiento, y estado emocional.

Las emociones son reacciones psicofisiológicas de adaptación a ciertos estímulos que alteran la atención e influyen en el comportamiento, pasando a través del cuerpo habitan y se asientan en el mismo.

Estas emociones tienen el atributo de ser transitorias y cambiantes, por eso un evento puede provocar una o varias de elllas; en cambio el estado anímico se trata de una emoción sostenida en el tiempo, es una forma de estar y permanecer en la emoción, y luego todo se tiñe con el color de ésta.

El sentimiento por su lado habita en la mente, no en el cuerpo como la emoción, es la mente en donde se sostiene; podríamos decir que es el resultado de la unión de una emoción con el pensamiento, o sea, es la toma de conciencia de una emoción percibida. Es senti-mental cuando lo que sentimos lo procesamos en la mente, sería la conciencia de un afecto.

Un sentimiento puede durar escasos segundos, pero una emoción durará tanto como dure la memoria. Ese estado de ánimo es un estado persistente de la emoción, que puede permanecer durante horas o días. El estado emocional comprende aquellas emociones que perduran, por ejemplo, la felicidad, que puede ser concebida como un estado emocional de la manifestación primaria de la alegría y, a su vez, puede incluir otras emociones y, sin embargo, el estado permanece.

Podríamos considerar que de las emociones básicas como cólera, alegría, miedo, y tristeza, derivan todas las demás; así por ejemplo, de la cólera deriva el enojo, el mal genio, la furia, la ira, la irritabilidad, la violencia, el odio. De la alegría derivan el disfrute, el alivio, la diversión, el placer. Del miedo derivan la ansiedad, la desconfianza, el nerviosismo, la angustia. De la tristeza derivan la pena, la melancolía, el duelo, el apego.

Las emociones corresponden a estados adaptativos del organismo que cambian de un momento a otro y que, a su vez, están asociados a patrones respiratorios y posturas faciales, ya que todas las emociones son psicosomáticas. Vale aclarar que no son malas ni buenas, nos hacen permanecer en un estado de alerta con el fin de reaccionar ante situaciones concretas.

Estas emociones, dependiendo de su intensidad, también pueden ir variando, por ejemplo la ansiedad puede transformarse en miedo y éste en terror. La cuestión es que siempre tenemos algún estado anímico; no es posible que exista alguien que en algún momento no tenga ninguna emoción, estamos un poco tristes, o un poco depresivos, o un poco cansados, inquietos, confundidos, optimistas, alegres, en paz, etcétera.

Los animales, al no tener el neo córtex, expresan su emoción desde su ser más primitivo, o sea que las emociones primarias tienen un alto componente instintivo y con poca capacidad reflexiva, situado más a nivel animal que racional.

Las emociones afectan a la mente y al cuerpo, ya que rápidamente se somatizan. Nuestro ego es fácilmente provocado y luego desarrolla emociones que no podemos digerir, haciéndolas cuerpo (gastritis, fibromialgias, colitis ulcerosa, tumores y todas las que se les ocurran).

El Ayurveda sostiene que si cambiamos mente por intelecto vemos otra película, ya que del pensamiento surge el apego, del apego nace el deseo y del deseo proviene la cólera.

El intelecto (*budhi*) regula las emociones. La mente y el cuerpo las padecen.

Los deseos son inofensivos en sí mismos. Si los deseos son emitidos y perpetuados con el poder del ego, pueden causar mucho daño.

Y cuando digo deseos, también digo que no hay que confundirlos con necesidades.

El ego (*yo*) en desequilibrio manda... el envidioso quiere tener algo que no posee, el celoso no quiere que le quiten algo que cree poseer...el ego es quien elabora pensamientos tales como la ansiedad, la angustia, la ira, el miedo. Todos impiden el flujo de energía pues bloquean los *nadis*, aquellos canales sutiles por donde circula el *prana* o energía vital. Ese ego en desequilibrio (*rajas* o *tamas*, que veremos luego) demanda, compara, envidia a la mente con sus deseos, aversiones y apegos, que son la principal fuente de estrés. La mente en desequilibrio es gobernada por los sentidos, perturbando la concentración con fantasías y deseos.

Alguna vez escuché a alguien decir: "No he conocido a nadie que me traiga tantos problemas como yo". El pensamiento del ego genera un sentimiento de propiedad y de posesión que, consciente o inconscientemente, da origen a los celos. Pareciera que usamos la relación como medio para escapar de nosotros mismos, de nuestra soledad, de nuestra inseguridad, o de nuestra pobreza interna. Por eso nos aferramos a los aspectos externos de la relación, que se vuelven tan importantes como nosotros y, entonces, poseemos, tenemos celos, criticamos, envidiamos, comparamos... y parece ser que ese es el amor actual.

No podemos vivir aislados, toda la existencia es en base a la relación, por eso posponer o evadir el problema que ésta origina sólo genera más conflicto... no seas lerdo en corregir tus errores. En definitiva, el problema de base es la relación que existe entre los seres humanos, y la paz interna no se obtiene cerrando los ojos y tratando de olvidar al mundo o recluyéndose en un *ashram* en India por un tiempo.

Como dice el Ayurveda, la tranquilidad mental también es consecuencia de pocas demandas y expectativas, no se debe esperar nada y hacer lo que corresponda con desapego, que no hay que confundir con indiferencia, se trata de renunciar a la posesión de cosas y personas

El ego es tiempo pasado, la mente es tiempo futuro. La sabiduría es ahora (a-hora en sánscrito significa "sin tiempo"). El pasado es un movimiento constante con modificaciones y siempre es el que opera. Entonces, el presente no existe, es el pasado que siempre está actuando, convirtiéndose en un futuro ya visto y actuado. El pasado no puede eliminarse, sólo se logra esto cuando no existe observador, cuando no existe el ego.

Finalmente, el pensamiento es quien crea al pensador porque sin pensamiento no hay pensador, es que los dos son uno, sin pensamiento no hay pensador. Cuando no interviene este último, existe un darse cuenta sin interferencia del pensamiento y sus emociones. Y es cuando aparece la conciencia.

Sólo con el silencio de la mente es posible comprender aquello que está más allá del tiempo y la forma.

Pero también el pensamiento tiene un poder tremendo, pudiendo curar enfermedades. Y puede transformar la mentalidad de las personas y producir maravillas. Puede hacer cualquier cosa, inclusive son los pensamientos los que desarrollan la personalidad. Dice Sivananda: "el ser humano siembra un pensamiento y recoge una acción. Siembra una acción y recoge un hábito. Siembra un hábito y recoge un carácter. Siembra un carácter y obtienen un destino".

Todo pensamiento emitido es una vibración que no perece jamás. Continúa vibrando en cada partícula del universo. Si los pensamientos son nobles, santos y poderosos, activan las vibraciones de todas las mentes en sintonía de simpatía.

Los pensamientos son cosas. Los cinco sentidos, el sonido, el tacto, la forma, el sabor y el color; el estado de vigilia, el estado de ensueño… todos son productos de la mente.

La amargura y la dulzura no están en los objetos, sino en la mente, en el sujeto, en el pensamiento. El pensamiento crea y es consecuencia de todas las sensaciones. El pensamiento crea el mundo. El pensamiento da vida a las cosas. El pensamiento desarrolla los deseos y excita las pasiones, y en este mundo opera la ley de "lo similar atrae a lo similar". Las personas de pensamientos similares se sienten atraídas entre sí. De ahí las conocidas máximas: "los pája-ros del mismo plumaje siempre vuelan juntos", "Dime con quién andas y te diré quién eres", "la manzana no cae muy lejos del árbol".

Cada cambio en el pensamiento produce una vibración en el cuerpo mental, la cual, cuando se transmite al cuerpo físico, genera actividad en la materia nerviosa del cerebro. Esta actividad en las células nerviosas produce muchos cambios eléctricos y químicos en ellas. La causa de estos cambios no es otra que la actividad del pensamiento. Así, la gastritis, el colon irritable y lo que le pase al cuerpo, está en la propia mente. El cuerpo es un depósito de emociones no digeridas. La pasión intensa, el odio, los celos amargos, la ansiedad corrosiva y los raptos de cólera destruyen lite-ralmente sus células e inducen enfermedades del corazón, hígado, riñones, bazo y estómago.

Cada emoción tiene su repercusión en el cuerpo, en los *dosha*, en los elementos y en los *guna*, que veremos luego; todas tienen un lado positivo y uno negativo, pueden ser tóxicas debido a la intensidad y duración.

Observar la emoción es separarse de ella, ser testigo de lo que ocurre. Es como observar un cuadro muy cerca de él, con lo que no se puede ver ni apreciar. Este distancia-miento nos permite tener espacio y tiempo para tener otra visión de lo que pasa.

Ese espacio genera visión, entendimiento, contemplación.

1.
Ayurveda: dosha y la tendencia a la emoción

Fisiología, al igual que la palabra "física", viene del griego *physis*, que significa naturaleza, acción natural, normal, común. "Naturaleza" a su vez viene de nacer, formar. Ayurveda, vimos que significa sabiduría de vida, y su principal filosofía base es la *samkhya*, la cual afirma que la naturaleza, o sea todo y todos, estamos formados por los cinco grandes elementos: espacio, aire, fuego, agua y tierra y por los tres *guna* o cualidades de los mismos (*sattvas, rajas* y *tamas*)

Los principios o conceptos fundamentales de la medicina Ayurveda son los cinco grandes elementos, cuya diferente proporción caracteriza a los tres biotipos o *dosha* conocidos como *Vata, Pitta* y *Kapha*. Ayurveda nos da una interesante idea de biotipo: *dosha*, cuyo prefijo dis- significa "divergencia o separación múltiple". "difícilmente, malamente, desgraciadamente", por eso veremos a *dosha* como tendencia al desequilibrio, bajo la ley de que lo semejante atrae e incrementa a lo semejante... Por ejemplo, los que tienen en su constitución mucho del fuego (llamados *Pitta*, como veremos luego), lo que menos necesitan es ese elemento... pero es lo que más les gusta (el sol, lo ácido, fermentado y picante, el pensamiento, todo lo que sea rojo, lo ordenado y prolijo, la competencia).

Dosha, entonces, en realidad no significa biotipo sino tendencia, falta, vicio, deficiencia, carencia, inconveniencia, desventaja, ofensa, transgresión, culpa, delito, crimen. Si bien no tiene una traducción exacta en nuestro idioma, se refiere a arquetipos, fuerzas, vibraciones o energías no visibles pero cuyas manifestaciones o efectos pueden percibirse como cualidades de los cinco elementos. Para un mejor entendimiento pasaremos a llamarlos biotipos o *dosha* indistintamente, luego veremos que no es lo mismo, ya que *dosha* también son climas, estaciones del año, horarios, enfermedades, animales, etc.

Al nacer, a todos se nos dota con algo de cada biotipo, ya que éstos están compuestos en distintas proporciones por los cinco elementos, que contienen a todo y todos.

Los seres humanos y el entorno en el que viven son el resultado de las fuerzas generadas por los cinco elementos. Para configurar los diversos biotipos estas fuerzas se agrupan de a pares, y algunos de éstos pares predominan sobre los otros. El concepto de *dosha* en el ser humano es para el estado de vida, antes y después de la muerte vuelven al estado de *pancha maha bhutas* (cinco grandes elementos).

Lo que hace posible describir a un *Vata*, un *Pitta* o un *Kapha* puros es que tienen demasiado de un mismo biotipo, sin embargo esto ocurre con poca gente ya que la mayoría de las personas constituimos biotipos combinados en los que uno predomina, pero no exageradamente.

Los biotipos o *dosha* determinan la llamada naturaleza o *prakriti* de cada individuo (*pra:* primera; *kriti* viene de *kriya*, *karma:* acción) y hacen referencia a las tendencias y hábitos característicos que ejercen sobre la estructura corporal y, sobre la mente, con sus emociones.

La comprensión de nuestro biotipo y proporción de elementos, permite adaptar todos los aspectos de la vida en resonancia a cada uno en particular.

Desde ya, no existe un biotipo mejor que otro, lo que ocurre es que estarán favorecidos para distintas funciones y acciones. Para el Ayurveda, entonces, todos (y todo) estamos formados por los cinco elementos, provenientes a su vez de las *guna:* espacio, aire, fuego, agua y tierra.

Vata, en sánscrito **वाता**: al ser sus elementos principales Espacio y Aire (viento), serán pues sus cualidades (o sea, lo simbolizado) el ser expansivo, abierto, liviano, móvil, rápido, frío, seco, en ráfagas, cambiante, sin rumbo fijo, con alternancias, impredecible, impalpable, sin forma. Se llamará "aire" cada vez que se hable de uno de los 5 elementos, y "viento" (que es aire en movimiento) si se está aludiendo al *dosha* Vata. El viento genera irregularidades de todo tipo (físicas, digestivas y mentales)

Pitta, en sánscrito **पित्त**: tiene como elementos principales al Fuego y al Agua, que lo hacen ácido, y será caliente, penetrante, preciso, agudo, energético, con poder de digerir y transmutar, iluminador, quemante. *Pitta* significa bilis, digestión. El fuego hace *ver* ("Pero yo, ¿sólo veo esto?") y por eso reclama, exige y opina.

Kapha, en sánscrito कफ: con sus elementos Tierra y Agua en mayor proporción, es de cualidad estable, resistente, frío, estático, firme, pesado, confiable, duradero, oleoso, no cambiante, tranquilo. *Kapha* significa flema, moco, lubricación. El agua genera apego; *Kapha* en desequilibrio es apego (a la pareja, al trabajo, a la comida, etc.).

Para el diagnóstico de qué biotipo es cada persona, se podría hablar de un aspecto anatómico, uno fisiológico y uno mental.

Por el lado anatómico los del biotipo o *dosha Vata* (únicos secos, recordamos, formados mayormente por Espacio y Aire, no tienen Agua ni Tierra para tener un buen cuerpo físico) serán delgados, altos o bajos, secos, con articulaciones prominentes y crujientes, tienden a ser de piel fría y áspera, a tener uñas y dientes quebradizos y más amarillentos, ojos pequeños, cabellos de marrón a oscuro, y parlanchines, huidizos.

Los *Pitta* (el único *dosha* con Fuego) anatómicamente son de peso y tamaño moderados, rubios, pelirrojos o claros, tienen una tendencia a la calvicie a causa de la delgadez de su cabello, tienen piel suave y clara y padecen una profusa transpiración. En general, se encuentran en el medio entre *Kapha* y *Vata* en cuanto a sus caracteres, si no contamos la temperatura.

Kapha (el único pesado) son los más fornidos, con los elementos Tierra y Agua, que forman arcilla, barro, cuerpo; tienen la estructura más sólida y firme de los tres (es el único *dosha* con elemento Tierra), con tendencia al sobrepeso. Son de dientes claros, ojos grandes, pelo grueso y oleoso, articulaciones robustas y buena masa muscular.

En el aspecto fisiológico, las fuerzas dóshicas regulan diferentes funciones. Los *Pitta* son los que tienen más *agni* o fuego digestivo, ergo, la mejor digestión (muchas veces "se pasan" de tener fuego digestivo). Los *Vata* son de digestión irregular (a veces digieren bien, a veces no) y *Kapha* son los de digestión más lenta.

La estructura anatómica (los tejidos, el cuerpo físico) podemos resumir que es Kapha, ya que éste está formado por los elementos Agua y Tierra; los Kapha tienen tendencia a tener un cuerpo sólido sin haber hecho mucha gimnasia. La digestión es Pitta, con sus fuegos enzimáticos y digestivos. El sistema nervioso y el de transporte y circulación, son Vata.

Los dosha dominantes de la constitución tienden al exceso. En el aspecto mental, los biotipos están empujados por los elementos que lo componen y, entonces, todo pensamiento estará influenciado por el elemento predominante. Así, impulsados por sus elementos de Espacio y Viento, vemos que los Vata son expansivos, abiertos, rápidos, sin rutina alguna, inquietos, de mente liviana, móvil, errática y dispersa. El elemento Espacio ayuda a ver y comprender. Son muy rápidos para entender la consigna y captar la información, aunque la olviden luego. Retienen lo aprendido fácilmente, pero también lo olvidan fácil. Tienden a ser ansiosos, tener poca paciencia y fatigarse rápido. Actúan en ráfagas, son creativos, artísticos, innovadores, alegres y entusiastas, suelen tener el apetito variable y sufrir a causa de dormir mal, por lo que pueden padecer de insomnio, ansiedad, intranquilidad, adicciones y alteraciones nerviosas. Suelen ser muy sensibles, especialmente a los ruidos.

Pitta con su fuego, es de mente caliente, actúa siempre pensando. Hace todo en orden y siguiendo rutinas, tiene el carácter firme y determinante. Son muy razonables, inteligentes y competitivos, pero por ser muy perfeccionistas no toleran errores y pueden volverse hiper críticos. Tienen buen apetito y mucha sed, duermen poco y bien. Su forma de pensamiento es útil para debatir y discutir, pero pueden caer rápidamente en ira, enojos y violencia. Son dominantes.

Kapha con su Tierra y Agua es apacible, tranquilo y amoroso. Suelen ser personas confidentes, tolerantes, fieles, seguras y de confianza. Tardan en aprender pero lo retienen para siempre. Son pensativos, pacientes, muy metódicos. También tienden al sueño excesivo y a la inactividad. Cuando se desequilibran, tienden a caer en el apego, la codicia, la avaricia o la depresión. El apego, que impide el flujo de energía pues bloquea los meridianos sutiles llamados "nadis", junto a la ansiedad y a la angustia, pertenecen al dominio del ego.

Biotipos combinados

Prakriti, palabra sánscrita traducida, a veces, como naturaleza, está compuesta de la raíz "pra", que significa origen, primero, mientras que "kriti" viene de kriya, karma: acción. Etimológicamente sería el "origen de la acción" o la "primera acción". La prakriti conforma nuestro biotipo al nacer, el cual es posible averiguar a través de cuestionarios específicos. Por ejemplo, uno nace Pitta-Kapha, ese será su biotipo de nacimiento en estado de equilibrio (prakriti o prakruti). Vikriti ("vi" es desviación, división, circulación) es nuestro biotipo actual cuando estamos en desequilibrio; para volver al equilibrio es menester volver al biotipo natural de nacimiento. Ahora, el personaje anterior Pitta-Kapha está un poco estresado, angustiado, nervioso, constipado, por lo tanto se alejó de su biotipo de nacimiento (prakriti Pitta-Kapha) y está desequilibrado (vikriti), en este caso, Vata. Al estar padeciendo un desequilibrio de fuerza Vata, para lograr la salud debe bajar la fuerza Vata y volver a su biotipo Pitta-Kapha de nacimiento.

Antes vimos los biotipos simples y sus lugares de asiento. En los combinados se nombra primero al dosha más fuerte que, por lo general, es el dosha anatómico o metabólico. Las combinaciones nunca son iguales, varían en proporción y cualidades. Los dosha combinados no se mezclan sino que permanecen cada uno con sus cualidades y, a veces, se debe corregir uno a nivel mental y otro totalmente distinto a nivel corporal.

Se llama tridóshica a la persona cuya diferencia entre Vata-Pitta-Kapha es menor al 15%, bidóshica (los más comunes) cuando la diferencia entre los dos primeros es menor al 15% y unidóshica cuando los dos dosha restantes están a más del 15% del dominante.

Veamos las combinaciones prakriti con alguna posibles características, ya que éstas son innumerables:

Vata-Pitta-Kapha

En alguna pocas personas, los tres humores o fuerzas existen prácticamente en iguales proporciones, como siempre lo primero que se trata es el desequilibrio; para hacerlo se tenderá a re-balancear el dosha disminuido o aumentado.

En equilibro poseen un excelente cuerpo, fuerte, resistente y ágil a la vez, con una mente que crea, sostiene y finaliza los proyectos.

En lo que refiere a la digestión, tienen el samagni o agni (fuego digestivo) balanceado; además, por lo general, gozan de muy buena circulación. En lo que hace a su psicología, las características del aspecto mental de un tridosha tiene incontables posibilidades, ya que pueden poseer cualquiera de las particularidades de los tres biotipos.

Ante la duda, y como dicen en India los vaidyas (médicos ayurvédicos): "lo primero es equilibrar a Vata, rey de los dosha y rey de las enfermedades".

Vata-Pitta

Son personas de contextura delgada y movimientos rápidos, emprendedores y de intelecto más agudo, sin ser muy extremistas.

Terminan las cosas que comienzan y pueden focalizar en una dirección con facilidad. Desequilibrados, alternan el miedo con la ira.

Tienen una digestión más fuerte y mayor resistencia al frío, al ruido y a las molestias físicas que el Vata exclusivo, aunque, casi siempre, su circulación es pobre y el "calor" de su biotipo no alcanza para compensarlo, pero los hay también con buena circulación. Necesitan el "lastre" de Kapha: los sabores dulces, ser pacientes, tener un poco más de estabilidad.

En cuanto a su psicología, son amistosos y conversadores, aunque en desequilibrio oscilan entre actitudes defensivas y agresivas.

Vata-Kapha

Tiene dificultades para identificarse ya que son signos opuestos, bipolares. Suelen ser de contextura delgada, por influencia de Vata, y tienen una fuerte tendencia a detestar el frío.

Por lo general, suelen sufrir digestiones irregulares o lentas, influenciadas por la falta de calor y poco agni o fuego digestivo.

En lo que refiere a su psicología, sobresale la personalidad Kapha, que los hace estables, humildes y adaptables, aunque por ser muy sensibles pueden volverse emocionalmente inestables. Combinan la velocidad y eficiencia para actuar, junto con la tendencia a dejar pasar las cosas para otro momento. Indistintamente, pueden tanto movilizar como activar la inercia. Aportan creatividad y movimiento a la pesadez y viscosidad mental; pueden ser, por lo tanto, tan excitables como serenos.

Pitta-Vata

Son personas de estructura mediana, más musculosos y fuertes que los Vata-Pitta. También tienen movimientos rápidos y de mayor resistencia.

Su digestión es más fuerte y con deposiciones más regulares que los grupos anteriores.

Su psicología los hace más obstinados, percibiéndose la intensidad de Pitta y en menor grado la liviandad de Vata. Enfrentan los desafíos y los problemas de buen grado y con entusiasmo, a veces hasta con agresividad. Ante la presión, tienen tendencia a combinar miedo y enfado, volviéndose tensos, ambiciosos e inseguros.

Las personas con el bidosha Pitta-Vata desequilibrado son encuadradas dentro de la tipología o personalidad tipo A de tendencia al infarto agudo de miocardio.

Tres buenos sutra (máxima, axiomas o aforismos) para incorporar como tratamiento y prevención a este biotipo son:

1. Responder al día siguiente (para evitar reaccionar, en vez de accionar)
2. El otro siempre tiene razón (para poner en práctica antes de discutir y así poder enfriar todo desde el comienzo, poniendo inteligencia fría a las pasiones calientes y, tal vez, así poder llegar al sutra 3)
3. Aprender es cambiar de opinión.

Pitta-Kapha

Se los reconoce por la intensidad y el activo metabolismo Pitta, dentro de un potente y sólido cuerpo Kapha. Es un dosha especialmente favorable para los atletas de esfuerzo, ya que, tal vez, se trata de la combinación más fuerte. Se trata del biotipo más resistente de todos.

Tienen una digestión fuerte y alta resistencia corporal, combinación que les brinda una excelente salud física. Les resulta difícil abstenerse de comer y son muy competitivos.

En el aspecto psicológico, su comportamiento muestra la fuerza y la tendencia al enfado y la crítica, más que a la serenidad y a la estabilidad de Kapha. Aceptan desafíos y son constantes, también suelen elaborar teorías y sostenerlas. En desequilibrio pueden ser dominantes, controladores y posesivos.

Es un dosha que se adapta y mantiene los cambios a causa del intelecto de Pitta y la estabilidad de Kapha.

Tienden a la diabetes, el colesterol, la obesidad, la depresión.

Kapha-Pitta

Redondos de cara y de cuerpo, por causa de la mayor proporción de grasa. Tienen movimientos más relajados y lentos, a la vez que son los más resistentes y estables. Se sienten bien si hacen ejercicio regularmente.

Es el típico jugador de rugby o levantador de pesas.

Su digestión es más lenta o más débil que cuando existe predominio de Pitta.

En su psicología combinan la actividad con la inercia y la pereza de Kapha; además son más lentos y metódicos que las personas exclusivamente Pitta, aunque intelectualmente son, a la vez, más profundos y lentos. Combinan mejor el pensamiento con las emociones. En desequilibrio, sufren cierta tendencia al fanatismo.

Kapha sufre de apego, obesidad, depresión, su acción es soltar y moverse.

Kapha-Vata

Son corpulentos y atléticos y tienen mayor resistencia. Además, son más inconstantes en su estabilidad que quienes son únicamente Kapha.

Sus digestiones tienen tendencia a ser más irregulares y suelen no soportar el frío.

Psicológicamente, acostumbran a ser más lentos, relajados y estables, llegando a veces a serlo en su irregularidad. Tienen rapidez en la toma de decisiones, además de ser sociables y buenos comunicadores. Son el grupo con las ideas más organizadas.

Siempre recordamos que los dosha son fuerzas o cualidades, así la fuerza Vata mueve y seca, actúa en la constipación, alteraciones del oído, garganta, miedo, ansiedad, insomnio, alteraciones del sistema nervioso central (SNC) como la esclerosis múltiple, Guillain Barré, paresias, plejías, epilepsia, Parkinson, etc.

La fuerza Pitta, con su calor, puede provocar gastritis, úlceras, dermopatías en general, conjuntivitis, abscesos, infecciones, ira, competencia, violencia, etc.

Obesidad, colesterol, diabetes, edema, congestión, cálculos, piedras, síndrome adiposo genital, Pickwik, depresión, pueden ser motivados por la fuerza Kapha, con su pesadez.

Repito lo que decía un maestro en India; "el mejor dosha es el que nos tocó". La idea es auto conocernos, para poder así aprovechar nuestro potencial.

Un ejercicio práctico: tildemos lo que nos parece (o preguntemos a quien nos conoce) y luego, abajo, sumamos y vamos acercándonos un poco a nuestro dosha,

Cuestionario general

Determinación de la constitución:

Estructura física

	Vata	Pitta	Kapha
Tamaño al nacer	Pequeño.	Normal.	Grande.
Estatura	Muy alta o muy baja.	Mediana.	Alto y corpulento o bajo y robusto.
Peso	Ligero	Mediano.	Pesado.
Ganancia o pérdida de peso	Dificultad para engordar.	Gana o pierde peso con facilidad.	Le cuesta perder peso.
Esqueleto / estructura ósea	Ligera, delicada. Caderas / hombros estrechos.	Media.	Grande, hombros amplios, caderas anchas.
Articulaciones	Salientes, nudosas.	Normales, bien proporcionadas.	Grandes, bien formadas y lubricadas.
Musculatura	Poco marcada, tendones salientes.	Mediana, firme.	Llena, sólida.

Caracteres físicos de la cara

	Vata	Pitta	Kapha
Piel	Fina, seca, oscura, fría.	Clara, suave, lustrosa, cálida, muchos lunares.	Gruesa, pálida o blanquecina, grasa, fría.
Pelo	Fino, moreno, crespo o rizado.	Fino, moldeable, rubio o castaño rojizo.	Abundante, grueso, lustroso ondulado, castaño.
Forma de la cara	Alargada, angulosa. A menudo, mentón poco desarrollado.	En forma de corazón. A menudo, mentón muy marcado.	Ancha, plena, redondeada.
Cuello	Delgado, muy largo o muy corto.	Proporcionado, mediano.	Sólido, grueso.
Nariz	Puede ser ganchuda, pequeña o estrecha.	Definida, en punta, de tamaño mediano.	Ancha, de punta achatada.
Ojos - tamaño	Pequeños, estrechos o hundidos.	Normales.	Grandes, saltones.
Ojos - color	Oscuros, marrones o grises.	Azul claro, gris claro, avellana.	Azules o castaño claro.
Ojos - brillo	Apagado.	Intenso.	Atractivos.
Dientes	Irregulares, salientes. Encías descarnadas.	Tamaño mediano, amarillentos.	Grandes, blancos. Encías carnosas.
Boca	Pequeña.	Tamaño mediano.	Grande.
Labios	Finos, estrechos, tirantes.	Normales.	Carnosos, gruesos.

Funciones fisiológicas

	Vata	Pitta	Kapha
Preferencias de Temperatura	Añora el calor.	Le encanta el frío.	Le molesta el frío.
Sueño	Ligero, irregular.	Reparador pero corto	Profundo, dormilón.
Deposiciones y eliminaciones	Irregulares, estreñidas. Heces secas y duras.	Regulares. Heces blandas.	Eliminación lenta, copiosa, pesada.
Nivel de actividad	Siempre haciendo muchas cosas, agitado.	Moderado.	Apático.
Resistencia	Agota rápidamente su energía y necesita luego recuperarse.	Controla bien su energía.	Mucho aguante.
Transpiración	Mínima.	Profusa, especialmente si hace calor. Olor corporal denso.	Moderada, pero presente aun sin hacer ejercicio.
Deseo sexual	Intenso, pasajero, fantasea.	Fuerte, deseos y acciones a la par.	Lento, mantiene después la pasión.
Forma de hablar	Se atropella al hablar.	Agudo, claro, preciso.	Lenta, tal vez trabajosa.
Fertilidad	Baja.	Mediana.	Buena.
Fuego digestivo	Irregular.	Intenso, alto.	Bajo.
Temperatura corporal	Fría (manos y pies).	Cálida.	Fría.

Posibles tendencias psicológicas
(dosha= tendencia al desequilibrio)

	Vata	Pitta	Kapha
Pensamiento	Con muchas ideas. Más pensamientos que hechos.	Preciso, lógico, planea bien y consigue llevar a cabo sus planes.	Tranquilo, lento, no se le puede meter prisa. Buen organizador.
Memoria	Escasa a largo plazo aunque aprende rápidamente.	Buena, rápida.	Buena a largo plazo, pero le lleva tiempo aprender.
Creencias profundas	Las cambia con frecuencia, según su último estado de ánimo.	Convicciones extremadamente firmes. Capaces de gobernar sus actos.	Creencias firmes y profundas que no cambia con facilidad.
Trabajo	Creativo.	Intelectual.	Asistencial, servicios.
Estilo de vida	Errático.	Ocupado, aspira a mucho.	Constante y regular, quizás anclado en una rutina.
Realiza cambios	Muy a menudo, sin pensarlos.	Sólo si entiende que le conviene.	No le gusta cambiar.
Tendencias emocionales	Miedo, inseguridad, ansiedad, quejas por dolores o cansancio propios, angustia, superficial, entusiasmo.	Ira, arbitrariedad, crítica. Quejas por cómo hacen los cosas los demás. Autoritarismo, soberbia, valentía, coraje.	Codicia, posesividad, apego, pocas quejas, avaricia, egoísta, dulzura, estabilidad.

Hay muchos y diversos cuestionarios dóshicos accesibles por internet. Recordemos que, casi siempre, somos todos biotipos combinados y, desde ya, no existe uno mejor que otro. Más adelante está el cuadro de relación entre los dosha y sus cualidades (guna), conocer el elemento predominante en cada uno de nosotros nos permite saber qué estrategias de vida asumir para evitar posibles desequilibrios, tomando como principio base que "lo similar siempre incrementa lo similar". Dijimos que los elementos que nos componen "tiran" para su lado y, así, los del dosha de Fuego predominante llamado Pitta, tendrán que luchar contra éste toda su vida, pues ya tienen su dosis de fuego completa y, por lo tanto, deberían evitar los picantes, la sal, los baños de sol, los fermentados, intentando sostener posiciones pacíficas, enfriando la mente y bajando la competitividad. De otro modo, los desequilibrios harán que "se incendie", causando gastritis, conjuntivitis, dermatitis, úlceras, ira o problemas en la piel.

Este es el concepto de dosha, desequilibrio. Resonamos con lo que peor nos hace ya que vibramos en ese elemento, así, a Pitta le encanta el sol, lo ácido, lo picante, lo blanco y lo rojo, todo ordenado, etc. a Kapha le encanta lo dulce, dormir la siesta, comer mucho (cuando es el que debería comer menos, mucho menos), aferrarse a una persona o a algo y Vata tiende a ser irregular, a cambiar todo: de lugares, de ideas, de pensamientos, de parejas, de planes, etc.

Entonces, Vata (liviano, frío y seco) necesitará las cualidades opuestas: bajar, calmar, tonificar, aceitar y calentar, mientras que deberá evitar comer alimentos light o verduras crudas y frías (principalmente en otoño-invierno), pues de esta forma se incrementan las cualidades que, de por sí, se tienen en exceso.

Kapha debería expresar más sus emociones y saber que el confort excesivo adormece la mente. Vata y Pitta, en general, deberían aprender a controlarlas y transformarlas (Pitta tiene que enfriar).

Para el Ayurveda, todo es relación de cualidades. Vata debería frenar, ordenar, bajar, calmar, aceitar y calentar. Pitta debería no competir, no creerse dueño de la verdad, no demandar y no dominar, mientras que Kapha debería levantar, soltar, mover, calentar, liberar y entregar.

Al aumentar la fuerza Pitta, la piel toma un aspecto rojizo o amarillo y la persona puede sufrir diarreas o momentos de ira. También se pueden presentan signos de mareo y desmayos (en participación con Vata).

Con Pitta disminuido, la piel se pone pálida, la persona tiene molestias intestinales y la digestión lenta.

Cuando Vata está exagerado la piel se vuelve áspera, seca y oscura, el cuerpo de adelgaza y pierde calor, la persona sufre de insomnio, astenia y sus defecaciones son fuertes. Si ocurre lo contrario y Vata está deprimido, la persona se siente cansada y agotada, tiene la respiración entrecortada y pierde el buen humor y la concentración.

Al aumentar Kapha, la sangre no circula bien y se presentan cansancio y sueño. Las extremidades se vuelven pesadas y las articulaciones débiles, con frecuentes formaciones de edemas. Por otro lado, al haber poco de este dosha, se produce sequedad en la boca, sed y sensación de vacío en el estómago. Las articulaciones se vuelven débiles y la persona se siente sin fuerzas.

Vata se mueve y mueve a todo el cuerpo, Pitta quema y metaboliza y Kapha crea estructura, une y estabiliza.

Vata es seco, Pitta caliente y Kapha pesado.

Vata es oído y tacto, Pitta es la visión y Kapha es el gusto y el olfato.

Kapha es la base de los otros dos humores, es la estructura con forma, resistencia, cohesión, tranquilidad y estabilidad. Pitta es el balance, es digestión, metabolismo, transformación y pensamiento. Vata es el que mueve a los otros dos, es circulación, energía, entusiasmo y creación.

Se podría decir que el desequilibrio de Vata se cura con reposo, mientras que el desequilibrio de Kapha empeora con reposo. Pitta cura con inteligencia fría a las pasiones calientes.

Las grandes cualidades o maha guna

"Guna" significa "que unen", "hilo", "hebra" o "cuerda", porque, de alguna manera, los guna nos mantienen sujetos al mundo externo u objetivo, "maha" significa "grande", "gran".

Todos los objetos en el universo dependen de los guna: la variada combinación de tres cualidades o fuerzas sutiles que forman los 5 elementos y el Universo en sí mismo.

Ellos son:

Sattva: inteligencia, imparte equilibrio.

Rajas: energía, causa desequilibrio, pero también creación.

Tamas: sustancia, crea inercia.

Son energías que están tanto en la superficie de la mente como en el aspecto más profundo de nuestra conciencia.

Estos guna están en un continuo cambio y transformación. Hay dos clases de transformación: en primer lugar cuando los guna cambian cada uno dentro de sí mismo, sin interactuar con los otros. Es el cambio dentro de la homogeneidad. Este estado es sin movimiento entre las guna, aunque con transformación; es llamado el estado de equilibrio de Prakriti. El otro tipo de transformación, heterogénea, es el que permite la evolución del mundo (modelo desplegado cuántico).

La fuerza sáttvica trabaja a través de acciones sáttvicas, la fuerza rajásica estimula y energiza, la fuerza tamásica calma, seda (casos de hiperkinesia, histeria, epilepsia).

La prakriti ("primera acción", refiriéndose en este caso a la naturaleza de las cosas) en su totalidad está constituida por la triguna sattvas, rajas y tamas, fuerzas que están en todas las cosas, ya sean animadas o no. Así, se hallan presentes en los distintos grados de la materia y de lo sutil, incluyendo la mente y la energía del Universo. Estas cualidades se mueven en el nivel físico, emocional, mental y en todo el Universo, pues abarcan todo lo existente, como ya dijimos. En la materia no-manifestada, los tres guna se encuentran en perfecto equilibrio. Ni sattva ni tamas pueden, por sí solas, entrar en actividad; requieren el impulso del motor y de la acción de rajas para ponerse en movimiento y desarrollar sus propiedades características.

Sattvas, a nivel mental, es amor y paz a todo y todos sin condicionamientos. La acción correcta, la más natural: dharma.

Rajas es energía, movimiento, transformación, cambio... y también puede ser fuente de sufrimiento, angustia y estrés. Al ser rajas un puente hacia tamas o sattvas, se podría hablar de un estado rajásico sáttvico, rajásico puro o rajásico tamásico.

Tamas es materia y estabilidad. Naturaleza. De tamas nacen los *pancha maha bhutas* o cinco grandes elementos; aunque en desequilibrio es lentitud, oscuridad, inercia y estupidez.

Los tres guna van juntos siempre y, al igual que los dosha, lo que varían es en su proporción. Están sujetos a las leyes de Alternancia, Interacción Permanente y Continuidad, o la tendencia o inercia a seguir en ese guna.

Pensamiento, alimento, actitud, acción, lugares, compañías... En todo están presentes los guna.

Los estados mentales, así como también los alimentos, actitudes, pensamientos, emociones, pueden agruparse en estas tres cualidades o fuerzas: *sattvas, rajas y tamas*.

Sattvas es pureza, verdad, fresco, generoso, con movimiento hacia adentro o afuera pero con amor, verdad y sabiduría; Rajas es movimiento siempre hacia fuera impulsado por un deseo; y Tamas es inercia, materia, con movimiento hacia abajo.

Así podemos ver los guna (se escribe en realidad en masculino) como una clasificación vertical y superpuesta a los dosha, como una clasificación horizontal. O sea, un Vata puede estar en una vibración vertical alta como el ser sáttvico, media o rajásico y baja o tamásico; lo mismo ocurre con los otros dos dosha, se cruzan las clasificaciones. Ninguna emoción es cien por ciento de un dosha, sino que cualquiera puede hacer todo tipo de emociones. Sólo son posibles tendencias.

Los alimentos también se componen de guna y rasa, cualidades y sabores.

Sattvas: promueve armonía y unión, ayuda a la creatividad y la evolución, bienestar para todos. Es integridad, compasión, pureza del corazón, no violencia, espiritualidad, comportamiento correcto, creación, Brahma.

Rajas, las fuerzas del espacio, los pensamientos, la combustión, aire y fuego, expansión, atracción, movimiento, conservación, Vishnu.

Tamas, la materia, la prakriti, los elementos. También es la destrucción final, Shiva.

Las tres van juntas, inseparables, varía su proporción. No existen independientemente

El instinto funciona a través de las emociones, impulso, deseo, ambición (para cosas personales), fuerza tamas. La inteligencia, el control emocional, el manejo mental, el desapego, es rajas, el puente. La intuición es la verdad absoluta que no pasó por nuestros pensamientos, sattvas.

Pero veamos algo más acerca de los maha guna.

Sattvas

Es discernimiento (elección con el intelecto, no con la mente) y conciencia pura. Su raíz es "sat", verdad, realidad. Es amor y paz a todo y todos sin condicionamientos. Es la acción correcta, la más natural. Es de naturaleza liviana y luminosa, y posee un movimiento interno y ascendente que causa el despertar del alma. Provee felicidad y satisfacción duradera. Es el principio de claridad, amplitud y paz, amor, auto control y auto conocimiento. Es pureza, veracidad, fe, valentía, devoción, inocencia, humildad, que une todas las cosas, ananda. Y también adaptación, aceptación, discernimiento y humildad. Representan la mente meditativa.

Sattvas significa "esencia pura". Es el principio de la claridad, amplitud y paz, es la fuerza del amor que une todas las cosas.

Es la cualidad de la inteligencia, la virtud, la bondad, la armonía, el balance, la estabilidad, el servicio, el respeto y la creación.

Posee los mejores atributos de rajas (la energía) y tamas (la estabilidad).

Es "sat", verdad, realidad… Más allá de *nama* y *rupa* (nombre y forma). Busca el aprendizaje potencial de nama rupa, el aprendizaje escondido, *guptavidya*; les recuerdo que las palabras en sánscrito son para el que quiere ampliar la búsqueda en libros o internet desde la visión védica, si no es así, simplemente saltearlas.

Y es paz, armonía, parte del todo, aceptación como parte del todo para soltar el ego.

La mente sáttvica vibra con pensamientos, alimentos y acciones sáttvicas.

Lo sáttvico no es *sólo* lo que pasa, sino también cómo se reacciona con lo que sucede. Es lo que tiene la misma naturaleza que la verdad y la realidad.

Rajas

Rajas significa mancha o humo. Mente agitada por el deseo. Inestable y reactivo, yendo de *raga* a *dvesha*, del amor a la aversión. Es energía, movimiento, transformación, cambio y, también, puede ser fuente de sufrimiento. Es la única fuerza con movimiento (sattvas y tamas son inertes). Rajas no produce el movimiento, *es* movimiento. Es la naturaleza del dolor y la movilidad y el estímulo. Lo mueve el deseo y, a la vez, ese deseo mismo es energía. Es también la fuerza del Big Bang, la que permite evolucionar, cambiar, transportar. Sin embargo, posee un movimiento externo y conduce a la proyección, la fragmentación y la desintegración. Inicia el desequilibrio que perturba la armonía existente, puede vérselo como viento (*hawa, vayu, vata, prana, anila*, todas formas de denominarlo).

Rajas es la cualidad del cambio, la actividad, la turbulencia y la evolución. Inicia el desequilibrio que perturba la armonía existente y es la fuerza que mueve a las otras guna.

Está motivado en la acción, siempre buscando una meta o fin que le da poder.

A corto plazo es estimulante y placentero pero, debido a su naturaleza perturbadora intrínseca, rápidamente se convierte en dolor y sufrimiento.

Es la energía tras deseos, pasiones, emociones y pensamientos. Es la fuerza de la pasión que causa aflicción y conflicto; es la causalidad del poder terrenal y del impulso sexual, la conquista, la competición, la victoria.

Los alimentos rajásicos incluyen yerbas y condimentos picantes. Son demasiado salados o dulces, muy amargos, muy calientes, muy ácidos o picantes, etc.; todo lo que sea demasiado no es bueno, es rajásico yendo a lo tamásico.

Tamas

Es materia y estabilidad. De tamas, en realidad, nacen los 5 grandes elementos. Es la cualidad de la materia, de la estabilidad, la unión, la cohesión, la adhesión y la resistencia.

A nivel mental, también es el principio de la pasividad y la negatividad de las cosas. Opuesto a sattvas, es pesado y en oposición a rajas, es reprimido o contenido. En desequilibrio produce ignorancia y oscuridad y conduce a la confusión. Induce al sueño, a la pereza, el adormecimiento y a un estado de apatía e indiferencia por obstrucción del principio de actividad en el cuerpo. Tamas: inercia, materia. Ego identificado es tamásico y genera siempre dolor, desconexión emocional, genera separación, miente, destruye y es auto destructiva.

Tamas es la cualidad de la estupidez, la torpeza, la oscuridad y la inercia. Posee un movimiento descendente que produce decaimiento y desintegración, causa ignorancia y delirio en la mente y promueve la insensibilidad, el sueño y la pérdida de conciencia. Es el principio de lo material y la inconsciencia, que forman un velo sobre la conciencia. En el ser humano, se refiere a las características de glotonería, indulgencia y flojera. También es apego, materialismo, bajeza, mentiras y violencia. Los alimentos recalentados, procesados y congelados son tamásicos. Si guardamos los alimentos cocinados uno o más días se vuelven tamásicos, por eso es necesario comer los alimentos inmediatamente después de cocinados. Los productos que comienzan a oler son tamásicos, así como el microondas, pues destruye el prana. Los alimentos tamásicos incluyen todas las formas de carne, así como el alcohol, los fármacos y las drogas.

Todos, en ciertas situaciones, estamos gobernados por alguno de los tres guna, inclusive tamas. Ni las personas más espirituales escapan a ello.

Como ya dijimos antes, los tres guna van juntos siempre, y al igual que los dosha, lo que varía es su proporción. Pensamiento, alimento, actitud, acción, lugares, compañías... en todo están presentes las guna. Así, por ejemplo, los alimentos sáttvicos serán los frescos, de estación, no recalentados, sin microondas; los rajásicos, los huevos y carnes; y los tamásicos, los pasados, recalentados, incompatibles, frituras, embutidos, el fast food... También podríamos hablar de pensamientos y

emociones rajásicas, compañías sáttvicas, actitudes tamásicas, etc.

Dosha rasa: tendencia a las emociones

Vata se queja y está preocupado aunque no tenga rea-
les problemas. Son dudosos e inseguros; buscan resultados rápidos, ergo, les da ansiedad y expectativa. Buscan
la atención y que alguien los escuche para quejarse, contar sus problemas o, simplemente, hablar (mucho).

Pitta, si tiene problemas, le echa la culpa a otro, exa-
gera y tiene guerra consigo mismo por su fueguina naturaleza. Opina, critica, califica y están atrapados en su
propio juicio: pasionales, pueden llegar a ser fanáticos.
No les gusta que les digan lo que tiene que hacer.

Kapha necesita ser estimulado, evita cambiar y moverse demasiado. Prefiere vivir con los problemas más que
solucionarlos o cambiarlos. Le cuesta cambiar cosas aunque se dé cuenta de que es necesario. Tiene tendencia a
repetir y retornar a viejos hábitos. Confunde confort con
felicidad.

El enojo da sudor caliente, Pitta. El miedo da sudor
frío, Vata

La idea no es clasificar las emociones sino entender su
mecanismo de acción y predisposición dóshica, sabiendo
que los tres biotipos comparten todas las emociones (por
supuesto que Kapha puede tener ira y/o Vata alegría).

Ahora veamos, para cerrar este capítulo, algunas posibles tendencias de los dosha.

	Vata	Pitta	Kapha
Sáttvico	Creatividad, entusiasmo, asombro, sorpresa, incentiva, energía y voluntad, adaptable, flexible, rápido en comprender, iniciador, emprendedor. Generoso, abre puertas y caminos. Veloz y vital. Maravilla, éxtasis.	Coraje, valentía, humor, alegría, risa, curiosidad, confianza, heroico, inteligente, claro, preciso. Perfeccionista, guía, líder, amigable, noble, juicioso, honorable.	Amor, ternura, tranquilidad, paz, devoción con intelecto, calma, compasión, contento, tolerante, fiel. Paciente, receptivo, amable, gratitud, gentil.
Rajásico	Ansiedad, angustia, temor, deshonesto, cobarde, servil, duda, preocupación, indeciso, poco creíble, fantasioso, ansioso, agitado, cansado, superficial, ecolalia, quejoso.	Crítico y competitivo, arrogante, soberbio, egocéntrico. Opina y se queja de los demás. Demanda y expectativa, irritación, enfado, agresivo, dominante, controlador, menosprecia y descalifica, enfado, agresivo.	Apego, avaricia, codicia, tristeza, pena, abatimiento, obtuso, materialista, búsqueda de confort y lujuria, testarudo.
Tamásico	Miedo, pánico, adicción (tabaco), inseguridad, duda, auto destructivo, adicciones y perversiones sexuales, neurosis.	Ira, furia, violencia mental violencia física, alcoholismo, odio, rechazo, destructivo, psicópata, violador, traficante.	Depresión, terquedad y negación. Adicción a los dulces y chocolates. Apatía, ladrón, insensible, incambiable.

2.
De Homo Sapiens a Homo Emocionaliens

Vimos que los rasa o emociones se enuncian por primera vez en el *Natya shastra*, un texto antiguo sobre la teoría del dharma. Según este texto, cada rasa también tiene una deidad y planeta asociados.

Repasemos y recordemos algunas definiciones.

Pensamiento: ideas condicionadas por creencias, juicios, herencia, vivencia, opiniones, valores.

Sentimiento: estado afectivo del ánimo por causas que impresionan vivamente

Emoción: reacción psicosomática autonómica que puede expresarse o no. Según la magnitud o si es repetitiva puede llevar a una red de dolencias. Puede ser oculta, no expresada, no digerida, no satisfecha.

Un sentimiento es la conciencia de un afecto. Una emoción es la experiencia subjetiva de un afecto, o lo que se llama el afecto a través de la lente de nuestra percepción.

Un afecto y sentimiento pueden durar solo unos segundos, pero una emoción durará tanto como dure la memoria.

Un estado de ánimo es un estado persistente de la emoción que permanece durante horas o días.

Las emociones son energías que, si no son manejadas, entendidas y digeridas, pueden afectar nuestra inmunidad letalmente.

Todos nosotros experimentamos emociones durante toda la vida, y muchas veces nos han educado para reprimirlas (¿homo sapiens?). Lo cierto es que reprimir nuestras emociones nos daña y, en el peor de los casos, nos enferma.

Dicen los Vedas que, entendiendo el mecanismo de estas emociones, se puede lograr un control por medio del rasa sadhana o ayuno emocional que veremos al final.

La sabiduría emocional no es más que la capacidad de tomar conciencia de la emoción rápida y hacerla lenta para su observación y análisis, ya que cuando una emoción inunda los pensamientos, la respuesta es una reacción.

Claro que no hay nada más difícil que tratar con los necios y testarudos, generan emociones negativas en el entorno sutil y siempre tienen un problema para cada solución. La verdad es peligrosa, sobre todo para todos los que han vivido en un cuento; así, no digieren esa emoción y traducen la verdad como su enemigo, como algo que hará caer toda creencia que han vivido.

Así vemos que la comunicación humana, hoy, es emocional más que intelectual. Esas reacciones y emociones, al parecer ,entran por una puerta que había quedado abierta deliberadamente (karma).

La identificación con el ego, creer que somos eso, es la primera causa de enfermedad, hace pasarse la mayor parte de la vida sintiéndose ofendido por algo o alguien. Es la expectativa, las quejas y la demanda. La envidia es el ego que se compara y los celos no vienen del amor sino del ego y su posesión, como también el apego, la envidia, la culpa...

Para los Vedas, todas las emociones se basan en dos direcciones: atracción - rechazo (raga - dvesha), toda emoción tiene su luz y su sombra, estas dos fuerzas tironean constantemente del complejo mental. Toda emoción positiva conlleva una parte de negativa, así como el día sólo es posible en función de su contrario, la noche, las emociones se constituyen a partir de sus opuestos. Toda emoción, por oscura que parezca, tiene su luz, y toda emoción por luminosa que parezca tiene su sombra.

"El bueno no es tan bueno y el malo no es tan malo", dice un aforismo que me enseñara mi gran amigo, Alejandro Parma, precisamente abogado y docente universitario, con quien comparto la enseñanza védica tanto en la Universidad Maimónides, como en nuestra propia Escuela Espacio Om, donde dictamos cursos de ayurveda y de yoga, talleres prácticos y degustaciones de cocina India, astrología védica, masaje abhyanga y terapia marma, dibujo y pintura, mandalas, conciertos de música, filosofía y mitología hindú...

Ahora, repasemos las emociones principales con sus dioses y planetas resonantes.

Rasa sánscrito	Emoción	Deidad	Planeta
Shringara	Amor, adoración, belleza, devoción, caridad, confianza, gentileza, amabilidad, gratitud.	Vishnu	Júpiter Luna Venus
Hasya	Felicidad, alegría, risa, comedia, dicha, orgullo, placer, satisfacción, entusiasmo.	Ganesha	Sol
Adbhuta	Asombro, sorpresa, maravilla, estupefacción, éxtasis, perplejidad, creatividad, incentiva.	Brahma	Mercurio, Rahu
Vira	Coraje, heroísmo, orgullo, valentía, osadía, ímpetu, honor, optimismo, entusiasmo, confianza.	Indra	Sol
Shanta	Paz, relax, calma, aceptación, tranquilidad, no violencia, serenidad, conducta, tolerancia.	Vishnu	Luna
Raudra	Enfado, furia, ira, irritación, violencia, hostilidad, impaciencia, molestia, enojo, irascible, desprecio, agresividad, sadismo, resentimiento, rencor, ironía.	Rudra	Marte
Karuna	Compasión, empatía, tristeza, tragedia, vergüenza, pena, duelo, nostalgia, desaliento, melancolía, apego, apatía, amargura, resignación, depresión .	Yama	Venus
Bhayanaka	Terror, miedo, ansiedad, preocupación, pánico, angustia, inquietud, duda, culpa, desesperación, remordimiento.	Kali	Ketu
Vibhasta	Disgusto, insatisfacción, aversión, repulsión, asco, rechazo, desconfianza.	Shiva	Saturno

Rahu y Ketu son los dos nodos de la Luna, difíciles de comprender. Algunas veces tienen influencias benéficas y, a veces, maléficas. Sus naturalezas hacen que a veces las predicciones se hacen muy confusas.

Tenemos cuatro funciones cerebrales básicas: instinto, emoción, intelecto e intuición. Siguiendo los guna, el instinto es tamásico, el cerebro reptiliano, del ego.

El cerebro reptiliano y el límbico nos impulsan a hacer lo que sea necesario para sobrevivir, en cambio la neo corteza representa la inteligencia para lograr los propósitos poniéndoles límites a nuestra emociones e impulsos instintivos

Estar enojado es un pensamiento consciente mientras que salirse de las casillas es inconsciente; éste actúa cuando las emociones (rajas-tamas) tienen el control, el consciente se da cuenta pero no la puede manejar... Luego aparece el intelecto, el puente o movimiento (rajas-sattvas) hacia la autoconciencia, que indaga y pregunta ¿qué hago con esta emoción?, ¿de dónde viene y qué significa?, ¿para qué está?

El ser humano tiene conciencia de ser consciente y es lo que permite observar y auto observar las emociones

Las decisiones son conscientes, pero no los hábitos. Los sentidos le dicen a la mente lo que hay que hacer.

Lo intuitivo es de sattvas, propiedad de la conciencia; no duda, sabe.

Homo Emocionaliens

La memoria (mnesis) está relacionada con el agua, por eso la mujer y Kapha tienen más memoria en todo sentido, pues tienen más agua, luego le sigue Pitta y, lejos, Vata. El agua es el elemento más misterioso de todos, da la vida, la emoción, la memoria, el amor, la tolerancia, la paciencia, la adaptabilidad, la flexibilidad, la unión, la devoción, la elasticidad, la compasión, la relajación, la frescura... Es el único elemento que está en los tres estados, con más calor es vapor, con más frío es hielo. Agua es Luna, mujer, Kapha, amor, emoción, apego. Y somos agua más que ninguna otra cosa (70%).

Es la sustancia sin forma, pero que se puede adaptar a cualquier forma. Es la molécula bipolar más pequeña que existe, gracias a esto disuelve otras más grandes y puede transportarlas en el organismo

Corresponde a la energía química. El agua, al solidificarse o hacerse hielo, es menos densa, por eso el hielo flota en el agua, por esa misma razón cuando se congela, se congelan los ríos de arriba hacia abajo y no de abajo hacia arriba, porque si así fuera no podría haber vida dentro del agua. Si se congelaran de abajo hacia arriba, se transformarían en hielo sólido y serían menos propicios para la vida.

El agua es el motor térmico del planeta, el que lo hace girar formando nubes y cambiando su estado acorde a las necesidades.

Todas las sustancias se disuelven en agua y por eso permite la química; permite la fotosíntesis. Y también es un modo de alquimia

Es el remedio de elección en todas las enfermedades, gracias a él se puede aumentar o bajar la temperatura corporal (naturopatía, svedana, temascal, baño turco).

Pero, atención, es pura siempre que esté en movimiento, fluyendo. Cuando así lo hace (amor) es movimiento constante, cuando está estancada (apego) es sufrimiento y enfermedad.

Las bacterias aman el agua, por eso cuando está contaminada es la causa de muerte más importante. Cuando se creó el agua potable, la expectativa de vida creció 30 años.

La tensión superficial (unión entre las moléculas del agua por los puentes de Hidrógeno) es tan fuerte que permite que barcos pasadísimos circulen sobre ella. El agua sintoniza la memoria. Por eso, el agua tiende al pensamiento con atracción: deseos, emociones, sentimientos de amor, pero es también fuente de apego, codicia, avaricia.

Podría decirse que hay muchas "memorias": de capacidades, de competencias, semántica, declaratoria, reglas nemotécnicas, de lugares y rostros, kármicas (tener memoria acá puede ser una virtud o un calvario), etc.

Si la emoción no es digerida, gobierna al ser humano, pasa de Homo Sapiens a Homo Emocionaliens, esa emoción es un alien, algo externo a nosotros pero perpetuado por nosotros mismos, y no nos deja en paz. Aparentemente, somos los únicos seres vivos con capacidad reflexiva, ésta nos posibilita entrar a mirar con detenimiento lo que hacemos, lo que nos pasó y en lo que estamos. Muchas veces la ingenuidad cobija la estupidez y ésta se excusa en la inocencia.

La memoria ayuda a programar el futuro y es útil para las cosas cotidianas; vamos a mencionar aquella memoria repetitiva de errores del pasado, aquella memoria kármica que, sin querer o sin darnos cuenta, hasta alimentamos nosotros mismos. Esta memoria es tiempo y condicionamiento, mata la inocencia: el pasado a través del presente crea el futuro. Repito por las dudas: no me refiero a aquella memoria técnica u objetiva para nuestra profesión o a datos útiles, estoy hablando de las memorias del karma, que son un lastre.

El pasado está activo en el presente como una semilla lista a brotar. Usamos el presente tan solo como un medio para el futuro, ergo, el presente carece de importancia.

El tiempo es la mente en pasado y futuro, mientras que la vida es ahora. El único momento donde puede ocurrir un cambio es ahora, ni en el pasado ni empezando mañana. La memoria es materia, tiene peso y forma, es sustancia en la mente, es la historia del ego, memoria de información ordinaria; pero también existe la memoria superior, la memoria de quienes somos y las memorias de todas las vidas. Purificando la memoria kármica purificamos la mente, y para ello tenemos que terminar de digerir las emociones que nos ocupan lugar y no nos dejan mover; por eso el primer paso es auto observación con el intelecto (o sea, aceptación y desapego del resultado de la acción).

Los sentidos abren la puerta a la emoción o la experiencia, la mente es la que recibe esa experiencia, el intelecto la digiere y la conciencia la absorbe. Luego, tal como uno piense, así se percibirá.

La mente como espacio perceptivo, es visitado constantemente por los aquellos interminables, repetitivos y automáticos pensamientos cotidianos, dejando una impresión que, en la medida en que es cada vez más repetitiva, forma una configuración que se transforma en una actitud; luego, esta actitud se convierte en una conducta mental, emotiva y/o física .

Menciono la mnemoción (memoria de emoción) como emoción que deja huella o impresión mnémica llamada samskara. Esta mnemoción hace al H. Emocionaliens (neologismos) ya que deja una marca o surco en la conciencia (samskara) acorde a la digestión de la misma que haya hecho el intelecto.

La mente es un complejo de tendencias e ilusiones. Las impresiones y tendencias de la conciencia (samskaras y vasanas) son, en realidad, memorias del inconsciente y están ligadas íntimamente a la filosofía del karma y a la rueda de reencarnaciones.

La conciencia es el acampe de las repetitivas acciones o pensamientos que trazan huellas y luego surcos, en los cuales los pensamientos (y de ahí la palabra y la acción) caen y es difícil que salgan, transformándose. Así ocurre en nuestro profundo nivel de programación.

El intelecto realiza la digestión de la experiencia vivida, mientras que la conciencia, luego, es influenciada por esa digestión, ya sea por rechazo o por apego.

Los pensamientos y las impresiones resultantes son lo propio de la naturaleza de la existencia vivida, en ese sentido son neutras, se convierten en una configuración fija cuando el sujeto que piensa se apropia del hecho por apetencia o aversión, de modo que para él significan algo, y esto es lo que lo mueve a la conducta... y el círculo se cierra.

Más allá de la experiencia en sí, se trata de como uno la enfrenta e influye luego. Es decir que la experiencia digerida no deja surco ni marcas, ellas son lo que son, aunque si falla su digestión uno las fija según gusto-rechazo (raga-dvesha) marcando impresiones (samskara) que se fijan.

En nuestro idioma, cada emoción también conlleva un género, así uno habla de la ternura femenina, de la firmeza masculina, de la intuición femenina, de la certeza masculina, de la vergüenza femenina, de la audacia masculina, etc. Hombres y mujeres compartimos similitudes pero, además tenemos atributos opuestos, ADN emocional… Así vemos que el inconsciente es muy potente, decide mucho más que la mente consciente y tiene sus propias motivaciones, exigencias e intereses

Los estados de ánimo tratan de una emoción sostenida durante un tiempo y que no se encuentra sujeta a sucesos circunstanciales, se instala y permanece. Es una mezcla de emoción, sentimiento, recuerdo, pensamiento y juicio de lo que nos pasa.

Las emociones y los estados de ánimo están relacionados con el tiempo. Con el pasado: la nostalgia, la melancolía, la culpa o la depresión; con el presente: la satisfacción, la paz, el orgullo, el aburrimiento, el miedo; y con el futuro: la angustia, el pánico, la preocupación, la ansiedad.

La emoción manda: hay enfermos sin enfermedad.

El pesimismo aparece como un negativismo, tiene pre-disposición emocional a denigrar y criticar por adelantado.

La paz está íntimamente relacionada con la tranquilidad, la serenidad, la calma, la paciencia, la armonía, la fluidez y, sobre todo, la aceptación.

En definitiva, el estrés en que vivimos no es de afuera, sino el rollo de la película que nos dedicamos a hacer.

Y la película sigue igual, mientras uno desarrolla tumores.

3.
Amor / Shringara: belleza, devoción, adoración

La palabra "amor" encierra varios trucos, no es para todo igual, no es lo mismo el amor de una madre hacia el hijo, que el del hijo hacia la madre, ni el amor de un hombre o el amor de una mujer, amor-apego-posesión a tu pareja, o amor a la vida.

La palabra "shringara" significa cuerno, punto o cumbre; como el pico de una montaña, representa una experiencia máxima. Shringara significa también amor y belleza. En términos generales, es disfrutar de la compañía del sexo opuesto de una manera muy encantadora y romántica. En un sentido más amplio, es el estado de ánimo en el que nos concentramos en crear una atmósfera encantadora, en la familia y con los amigos, con buenos modales y romance. Alude, también, al arte, la cultura y la decoración, a vestirse atractivamente y a comportarse bien, a la belleza y el disfrute. Se trata de amar a la vida y no sólo a una persona, se refiere al amor romántico y al amor en general.

El amor es la felicidad más extrema que las personas pueden crear juntas, viviendo como un dios y una diosa en un universo propio. De esta manera, la relación se convierte en un ensayo de rendición al universo y a lo divino. El estado de ánimo que predomina en bhakti yoga (el yoga de la devoción espiritual) se relaciona fuertemente con shringara, pero también incluye otros rasa como paz y maravilla.

Según este rasa, la belleza está en todas partes, siempre para ser amada, para ser disfrutada. En India, se dice que las mujeres ven a sus maridos como Krishna, Rama o Shiva, mientras que los hombres ven a sus esposas como Radha, Sita o Parvati. Cuando los hombres se convierten en dioses y las mujeres en diosas, shringara se convierte verdaderamente en divina unión. El amor y la belleza necesitan un poco de atención para mejorarse, para regarse. El aumento de shringara se trata de cosas pequeñas y simples, un toque aquí, una flor allí, una sonrisa, un poco de pulcritud, atención y armonía.

Si uno puede permanecer como un espectador, no involucrarse personalmente en lo que está sucediendo y no discriminar, entonces la belleza y el amor se pueden disfrutar sin medida. El que ama a todos y todo está siempre enamorado.

Como el amor y la belleza son esencialmente los mismos shringara rasa, el amor es realzado por la decoración y el arte, y viceversa.

Dice Yalal ad-Din Muhammad Rumi (poeta musulmán 1292-1273): "Mucho más allá de las ideas de lo que está mal y de lo que está bien, hay un lugar. Te conoceré allí. Cierra tus labios y podrás oír lo que posee el aliento, todo lo que no cabe ni en palabras ni en definiciones. Cierra tus labios y podrás oír del Sol, lo que no viene ni en libros ni en discursos. Cierra tus labios y hablará el espíritu por ti".

El amor siempre incluye cierto nivel de apego. ¿Es posible amar sin el ego?, ¿amar con las manos abiertas, sin apretar en lo más mínimo?, ¿sin demandar nada, sin esperar nada? Debemos repensar qué es el verdadero amor. Tal vez debamos cambiar la noción de fidelidad, familia, posesión y otras rígidas tradiciones. La mente es la que se casa, siguiendo una tradición que, obvio, ya no cabe más. No se puede prometer para toda la vida una emoción... en un segundo cambia. El intelecto lo piensa mejor, sabe que no puede casarse para toda la vida. La conciencia ni lo piensa, sólo lo vive. Ama sin pedir, sin demandar, sin esperar absolutamente nada. Sabe diferenciar el sexo del amor, no tiene posesión ni es celosa.

El alimento y el sexo son los dos grandes deseos del ser humano, ambos impulsados por el instinto de supervivencia y el de conservación de la especie.

La idea es no estar en contra de los deseos, ya que cuando el deseo está en armonía con la acción correcta, es un don para poder disfrutar la vida. El desapasionarse y desapegarse es la ausencia del deseo de gozar de los resultados de nuestras acciones, ya que uno hace lo correcto sin esperar algo por eso ("dharma", la acción correcta, la acción que no genera karma).

Todos los trabajos son para servir al otro, esa es la base. Ya seas jefe, mucama, periodista, presidente, médico o mozo, todos servimos al otro en algo; y si lo vamos a hacer, la única forma de que salga bien es con amor. Porque, aunque me equivoque, si lo hago con amor estará bien. No genera karma ni reacción adversa. Y si después tan sólo digo: "perdón me equivoqué"… ¡Ya está! Esto diluye todo enojo. Pero, cada vez que nos equivocamos por no haber hecho las cosas bien, en vez de pedir perdón, surge nuestro ego para argumentar miles de estupideces.

Dice Krishnamurti: el poder no radica en la firmeza y en la fuerza, sino en la flexibilidad. El árbol flexible aguanta el ventarrón. Adquiera el poder de una mente rápida. La vida es extraña, tantas cosas ocurren inesperadamente; la mera resistencia no resolverá ningún problema. Uno necesita tener infinita flexibilidad y un corazón sencillo.

Dicen los Vedas que shringara es cuando uno está ardiendo de amor, cuando hay una llama inextinguible. Uno tiene tanto de ese amor que desea darlo a todos, y lo hace. Es como un río poderoso que fluye, nutriendo y regando cada ciudad y aldea por las que pasa; aunque se contamine, aunque la suciedad del hombre lo invada. A pesar de esto, las aguas se purifican rápidamente y así prosigue su curso. Nada puede estropear el amor, porque todas las cosas se disuelven en él: las buenas y las malas, las feas y las bellas. Es lo único que tiene su propia eternidad.

Pero, de nuevo, ¿qué es el amor?, esa palabra tan recargada y viciada… Todo el mundo habla del amor: revistas, periódicos y predicadores lo hacen sin cesar. Amo a mi país, amo ese libro, me gusta aquella montaña, amo el placer, amo a mi esposa, amo a Dios. ¿Es el amor una idea? Sí, lo es, pero puede ser cultivado, alimentado, acariciado, dirigido como me plazca.

Al no poder aclarar lo que es el amor, nos refugiamos en abstracciones. El amor puede que sea la solución última y definitiva de todas las dificultades del hombre, de todos sus problemas y afanes. ¿Cómo llegaremos, pues, a descubrir lo que es? ¿Con una simple definición? La iglesia lo ha definido de una manera, la sociedad de otra, y existen toda clase de desviaciones y perversiones. Vemos que en lo que llamamos amor existe placer, competitividad, celos, deseos de poseer, de retener, de controlar y de interferir en el modo de pensar del otro.

En todo el mundo, aquellos a los que la gente suele llamar hombres santos han sostenido que mirar a una mujer es absolutamente malo, que uno no puede acercarse a Dios si se recrea en el sexo y por esta razón dejan el sexo de lado, aun cuando el sexo les devora. Pero al negar la sexualidad se sacan los ojos y se cortan la lengua, porque niegan toda la belleza de la tierra. Han dejado morir su corazón y su mente. Son seres humanos resecos. Han desterrado la belleza, porque la belleza va asociada con la mujer. La belleza es femenina.

¿Puede el amor dividirse en sagrado y profano, humano y divino, o existe sólo uno? ¿Es el amor uno solo? Si digo: "te amo", ¿excluye esto el amor hacia otros? ¿Es el amor personal o impersonal? ¿Moral o inmoral? ¿Familiar o no-familiar? Si uno ama a la humanidad, ¿puede amar lo particular? ¿Es el amor un sentimiento? ¿Es una emoción? ¿Es también placer y deseo?

Tal vez conociendo la complejidad de todo, nos damos cuenta de que tiene que haber otra clase de amor: divino, bello, intacto, incorrupto, aséptico, sin que intervenga el pensamiento. En definitiva, el amor se hace, no se habla. Si dos personas pueden vivir enamoradas toda la vida, no es necesario ni el matrimonio ni el divorcio.

Como leí alguna vez: "sólo estarás amando cuando no tengas que manipular ni manejar lo que decís".

Para acceder al amor o al corazón, no hay que abrir ningún camino ni agregar nada, sino eliminar lo que fue agregado.

Según los Vedas, lo primero que hay que hacer, es darse cuenta de toda la belleza simple que hay alrededor nuestro.

Y siempre estar atentos a esto.

· ·

PANCHANGA O CINCO MIEMBROS:

Rasa básico: amor.

Sub-rasas: admiración, sentimiento estético, devoción.

Elemento dominante: agua.

Dosha dominante: Kapha.

Guna dominante: Sattvas- rajas.

· ·

4.
Humor / Hasya: alegría, risa, felicidad, comedia

Es la rasa de la alegría, con el humor en su máxima expresión. Se trata de un humor puro, sano. En cuanto el complejo ego-mente interviene se transforma en sarcasmo o sátira. El humor es una herramienta muy potente contra la tristeza y contra cualquier desequilibrio.

Hay una sombra que rodea el humor, que es hacer el ridículo frente a otro, pero hasya pura es la verdadera felicidad, se trata de una alegría que surge de adentro y sin razón aparente. Es una expresión de la dicha divina.

No son excluyentes los temas serios y el humor, es más, son ampliamente compatibles. Por eso hay que tomar la seria vida divertidamente, hacer divertido lo serio, ser seriamente divertido, o como se lo quiera ver. Cada vez que aparece el vocablo divertido, todo está bien.

En la docencia, lo primero que les pedimos a los profesores es que las clases sean divertidas. Pueden ser técnicamente perfecta, pero si al estudiante no lo atrapa, finalmente se pierden todos los conceptos. En cambio, si es divertida pasa a ser amena, liviana, llevadera y es mucho más seguro que quede en la memoria, pues entra por otro lado.

Creo en la risa como un ideal de prevención y rejuvenecimiento y, a la vez, como un remedio súper eficaz .

El hasya rasa es una alegría que viene de adentro, cuando sentimos que la vida es buena. El humor es su expresión más típica y, también, puede causar alegría en los demás. El mal humor tiene tristeza y quejas acumuladas.

Alegría y felicidad no son sinónimos. Puedo ser feliz y estar triste, pura hasya es la verdadera felicidad, y no una reacción por algo que nos pasó, sino más bien una expresión de dicha divina.

Hasya depende no tanto de la ocasión, sino de la presencia de la energía de la alegría en el cuerpo. La alegría natural es la recompensa por ver la belleza y el milagro de la vida. Es aceptación, contentamiento.

Todo lo que uno puede hacer para aumentar la aparición de hasya en la vida es amarla, liberar las tensiones, mantener un cuerpo sano y una buen actitud, y ser desinhibidamente abierto a la risa.

La risa es altamente contagiosa, así que si podemos hacer reír a una persona, otras la seguirán fácilmente. La mejor manera de producir hasya en uno mismo es crearlo en los demás. La alegría acepta y conecta fácilmente con la celebración, con el compartir y con el festejar, puede ser atemporal ya que podemos estar alegre por algo que nos pasó o por el futuro que va a venir

Claro que la alegría puede llegar a la euforia y, si ésta permanece, puede aparecer la fatiga. En cambio la alegría con tranquilidad se torna más placentera con armonía, complicidad y algo de picardía. Y la tranquilidad es lo más parecido a la felicidad.

· · · · · · · · · · ••••••••••••••••••••••••••••••• · · · · · · · ·

PANCHANGA O CINCO MIEMBROS

Rasa básico: alegría.

Sub-Rasas: humor, también sátira, sarcasmo.

Elemento dominante: fuego.

Dosha dominante: Pitta.

Guna dominante: rajas.

· · · · · · · · · •••••••••••••••••••••••••••••• · · · · ·

5.
Asombro / Adbhuta: curiosidad, misterio, aventura

Adbhuta es el rasa de la maravilla, el misterio, el asombro y la curiosidad. Cuando somos conscientes de que hay cosas del universo y de la vida que la ciencia no comprende, entendemos que es más bella, excitante y llena de misterios por explorar.

La clave para no perder el asombro en nuestras vidas es mantener la mente abierta hacia el milagro de lo existente. No dar las cosas por hecho… Cada amanecer, cada flor, cada bebé… todo es asombroso.

Tenemos una comprensión limitada, recordemos que la ciencia limita la verdad a sí misma. Se dice que la ciencia moderna comprende prácticamente todo y lo que no puede explicar lo considera inexistente por definición, a pesar de que continuamente se investigan y comprenden cosas nuevas.

Desde los albores de la civilización, los seres humanos han intentado comprender todo y todavía lo están intentando. La sensación de maravilla llega cuando uno reconoce su propia ignorancia.

Cuando tomamos conciencia de que hay cosas que no entendemos, esto nos permite hacer la vida más bella y emocionante, llena de maravillas para explorar, llena de oportunidades para una nueva comprensión y el crecimiento personal. Así, la maravilla llega al comienzo del viaje espiritual, el viaje para encontrar la verdad real para poder resolver el misterio de la vida. La maravilla no es una emoción que uno pueda crear por voluntad, aunque pueda ser negada intencionalmente.

La clave de la maravilla es permanecer con la mente abierta hacia el milagro de la vida, que se puede experimentar en todo.

El asombro posibilita el aprendizaje, es una condición para apartarse de los esquemas convencionales, lo que posibilita ver todo de distinta manera, generando cosas nuevas

La frustración, en cambio, es el miedo producido por algo que se puede perder o algo que no se ha podido lograr y conlleva un cierto grado de rabia.

. . . .

PANCHANGA O CINCO MIEMBROS

Rasa básico: asombro.

Sub-rasas: curiosidad, maravilla.

Elemento dominante: fuego.

Dosha dominante: Pitta.

Guna dominante: Rajas.

. . . .

6.
Coraje / Vira: valentía, confianza, heroicidad

"Vira" significa valentía, seguridad en uno mismo, determinación, heroísmo, valor y control perfecto del cuerpo y la mente. Surge del bhava de uts ha, que significa extenuante, perseverante, energía y resolución.

Es el rasa del "no miedo", la seguridad en uno mismo, el control de la mente y el cuerpo. En la India antigua, las personas vira eran guerreros y reyes que lucharon de acuerdo a las reglas del dharma.

La valentía nace cuando ocurre un suceso que la genera; al igual que la cobardía, es una emoción que surge en presencia del miedo.

El coraje nos ayuda cuando tenemos que enfrentarnos a los grandes retos de la vida; claro que hay una línea delgada que separa el coraje del orgullo y la arrogancia.

Para el coraje verdadero, el ego debe estar bajo control y, a la vez, en control de la situación.

Todos necesitamos algo de coraje y es necesario equilibrar la confianza en uno mismo con orgullo para dominar este vira rasa. Según los Vedas, el mayor valor es olvidar el orgullo y admitir nuestros errores.

Todavía hoy vemos que este vira rasa vive en muchas personas que son héroes modernos, que sirven como excelentes ejemplos para todos. El coraje ayuda a todos cuando en la vida los desafíos deben enfrentarse.

Todas las emociones son acompañadas con otras emociones. Vira puede dar paso al egocentrismo, la incapacidad de entender o hacer frente a las opiniones de otras personas, y puede llegar a otras emociones como el egoísmo, la terquedad, la antipatía y hasta el narcisismo. Convertirse en una verdadera persona vira requiere mucha paciencia y entrenamiento. Los patrones neurales requeridos deben desarrollarse paso a paso hasta que se conviertan en verdaderas carreteras cerebrales que puedan tomarse sin esfuerzo.

La competencia es un aspecto principal del vira rasa y es muy útil para probar y mejorar las habilidades de las personas. Pero si uno pierde o gana personalmente, se convierte en un problema. En estos días de competencia, la comercialización y la promoción, son muy difíciles de tratar. Cualquiera que sea el valor, la fuerza o la habilidad que uno haya desarrollado, hablar de ello lo reducirá.

Todos y todo en este universo son interdependientes.

La dependencia solo se convierte en un problema cuando no tenemos coraje suficiente para cumplir con nuestras obligaciones y atenernos a nuestras necesidades básicas.

Así nos volvemos dependientes de otros, que no dependen de nosotros.

· ·

PANCHANGA O CINCO MIEMBROS

Rasa básico: coraje.

Sub-rasas: determinación, orgullo, concentración.

Elemento dominante: fuego y agua.

Dosha dominante: Pitta y Kapha.

Guna dominante: rajas.

· ·

7.
Paz / Shanta: tranquilidad, calma, quietud

Durante mucho tiempo, shanta o shanti, ni siquiera fue considerado como un rasa por la tradición india porque no tiene emoción, es nirasa.

Para experimentar paz, cuerpo, mente, ego e intelecto deben permanecer en calma. Para conseguirlo contamos con una maravillosa herramienta que es la meditación, un estado del ser. A esto se le suma el seguir el propio dharma, el código de conducta que nos sitúa en nuestro lugar en la sociedad y que nos conduce a la liberación.

Shanta es la rasa de preferencia para los santos, yoguis y sadhus, sin embargo, algo de tranquilidad básica está disponible para todos si se nutre conscientemente.

Aunque todos podemos experimentar paz o relajación en algún momento, realmente existe sólo en el samadhi (liberación, iluminación). Un estado de supra conciencia que es el estadio final del yoga. Todos anhelamos una verdadera paz mental, algo de calma, aunque sólo unos pocos santos lo logren en forma permanente.

Dharma es, entre otras cosas, la acción correcta, la acción que no genera karma; es encontrar lo que uno vino a hacer. Seguir el dharma de uno significa, ante todo, pagar las deudas. La tradición india las categoriza en tres tipos: deudas con los antepasados (pagadas por la crianza de hijos), deudas con el universo (a través del servicio desinteresado), deudas con el maestro (a través de la enseñanza).

Otro aspecto del seguimiento del dharma es cumplir esos deseos que nos llevan a un estado superior del ser. Puede ser necesario, incluso, satisfacer algunos deseos bastante egoístas para sentirse pleno. Mientras no se conviertan en adicciones, este es un proceso muy natural de evolución espiritual, en el que los deseos se agotan mediante la realización.

Paz es aceptación y puede ser de dos tipos: personal, que comprende la autoestima y aceptarnos como somos (no como estamos), y otra que atiende al prójimo, generando así tolerancia y respeto por el otro.

. . . .

PANCHANGA O CINCO MIEMBROS

Rasa básico: paz

Sub-rasas: calma, descanso, agotamiento.

Elemento Dominante: Agua.

Dosha dominante: Kapha.

Guna dominante: Sattva.

. . . .

8.
Compasión / Karuna: ternura, tristeza, pena

"**Karuna**" se traduce como compasión y es un concepto utilizado en los caminos espirituales del hinduismo, el budismo y el jainismo. La palabra proviene de la palabra sánscrita "kriy" que significa "hacer". Indica una forma de compasión basada en la acción, ya que karuna está haciendo algo para aliviar el sufrimiento.

Karuna es un elemento clave del camino yógico, que abre la puerta a la iluminación y a la unidad con el universo. Es una de las nueve emociones básicas (rasas) en el hinduismo. En este sistema de creencias, el individuo debe deshacerse de las formas egocéntricas de compasión para alcanzar el más alto nivel que karuna representa.

Karuna tambén puede entenderse como un término espiritual de generosidad, simpatía y empatía, además de tener una base de pena, tristeza y sufrimiento.

Cada rasa es un depósito de energía extraída de nuestra fuerza vital, así la vergüenza aparece cuando juzgamos que hemos vulnerado los valores de una colectividad, de una familia, de un equipo, de la pareja, de la organización o de lo que fuera; esta emoción se encarga de cuidar la palabra y la honra de las personas, por eso es propia de los seres humanos. Cuando sentimos vergüenza, nos queremos esconder, hacernos invisibles, y puede aparecer también el miedo; es una emoción que, si se alimenta, puede llegar al aislamiento o el alcoholismo.

Pero volvamos a karuna que es una de las cuatro moradas divinas en las que uno puede vivir felizmente y lograr el renacimiento. En el budismo Mahayana, es una de las dos cualidades, junto con el prajna (sabiduría iluminada), que se cultivará en el camino para convertirse en un espíritu iluminado y compasivo. En el jainismo, es uno de los reflejos de la amistad universal y una de las bhavanas (contemplaciones).

Karuna es una compasión desinteresada que no espera nada a cambio, ni siquiera gratitud. Para el Buda, representaba "el temblor del corazón", experimentado cuando el individuo puede ver el sufrimiento y debe actuar

Misericordia, compasión, es sentir piedad por alguien que se encuentra en un momento de profundo dolor, es acompañar al que sufre, es una de las emociones más humanas.

Cuanto más plenamente comprendamos el sufrimiento, más profunda será nuestra capacidad de compasión

La ternura, por su parte, consiste en proveer al ser humano una sensación de seguridad, de protección, donde se relaja el cuerpo y el pulso baja. Posiblemente, una sonrisa acompañe este proceso.

Karuna es invocado por el afecto (bhava) de dolor / angustia. En el uso espiritual, el término tiene una connotación de simpatía / empatía generosa.

La compasión es un sentimiento humano que se manifiesta desde el contacto y la comprensión del sufrimiento del otro. Más intensa que la empatía, es la percepción y la compenetración en el sufrimiento del otro, y el deseo y la acción de aliviar, reducir o eliminar por completo esa situación dolorosa.

La palabra "antipatía" viene de dos términos: "anti", que significa contra y "patos", que se refiere al sentimiento, a algo que lo molestó. En cuanto a "simpatía" es "con sentimiento" (en griego "sin" es "con"), refiere a que se va a agradar y a complacer, en cambio la apatía es sin sentimiento, y la empatía es estar en el otro.

El budismo ha hecho de este sentimiento su actitud espiritual propia. Todo ser vivo lo merece, se trata de solidaridad en la finitud o por la menesterosidad (se entiende como "menesteroso" algo que es necesitado, que escasea, que hace falta, que está incompleto de un elemento, cosa, objeto o de muchos).

En todos los textos del yoga se dice que la dicha es nuestra verdadera naturaleza, la pena no lo es. Para dominar la tristeza, debemos transformarla en compasión genuina por nosotros y los demás. La pena y la tristeza nacen de la ignorancia, de los apegos. La soledad suele ser una de las causas de la tristeza. También puede venir con la edad al ver desvanecerse la salud, la juventud, la fuerza. Si uno acepta aquello que se va y encuentra significado en lo que aún permanece o que viene, entonces no hay lugar para la tristeza.

Lo mismo se puede aplicar al acercarse a la muerte. Si uno se identifica con cuerpo y mente, verá que el final está cerca y, obviamente, la tristeza vendrá. Si uno cree en la eternidad, entonces se puede disfrutar como una vida hermosa en lógico proceso y progreso.

Recordemos que si bien el karuna más elevado es sinónimo de compasión, también significa tristeza. Y este es el significado más popular que encuentra esa expresión en muchos tipos de arte, literatura y teatro en India. La tristeza nos conecta con algo que es importante para nosotros, porque si no nos importa, no nos ponemos tristes. Generalmente tiene relación directa con algo que ya sucedió. Así, los grandes desastres de la humanidad producen una tristeza que se refleja en el arte, como ser el *Guernica* de Picasso o *El grito* de Munch, dos pinturas extraordinarias.

Cuando nos sentimos tristes, disminuye la energía vital y la motivación. Si la tristeza profunda se instala por un tiempo continuo, se transforma en depresión y es a través de ese lente con el cual vemos e interpretamos todo.

....

PANCHANGA O CINCO MIEMBROS

Rasa básico: compasión.

Sub-Rasas: tristeza, piedad, pena, vergüenza.

Elemento dominante: agua.

Dosha dominante: kapha.

Guna dominante: rajas.

....

9.
Ira / Raudra: irritación, enfado, odio

La rabia surge cuando no se cumplen nuestras expectativas, el ego se siente herido, abandonado.

La repetición de pensamientos de enfado trabaja como un mantra o un rosario, que con el tiempo toma el control de mente y cuerpo, somatizándose y haciéndonos enfermar.

Pensemos que la ira sólo agranda cualquier problema. Enfadarse significa perder la paz interior y la felicidad. Hay un sutra en inglés que dice *accept, do not expect* ("acepta, no esperes"). Es muy conveniente no poner tantas expectativas en la vida ni en los demás y aceptar un poco lo que el destino nos depare.

Pero, a las emociones no hay que reprimirlas, por lo que la ira hay que expresarla (o salir a correr) para luego dejarla ir, sin apegarse a ella ni a lo que la causó. La única posibilidad de transformación es la comprensión.

Raudra es un rasa desagradable y destructivo, esta energía de ira se expresa desde una leve irritación hasta una verdadera furia.

Y también se transforma la ira en normas, leyes, estudios, buscando la perfección y hablando en términos de lo que está bien y de lo que está mal sin claroscuros o términos medios.

La cólera se produce cuando un deseo se ve frustrado por alguna causa, luego de la cólera se produce la decepción.

Cuando las expectativas no se cumplen, el ego puede sentir que ha sido descuidado o tratado de manera incorrecta. Esto forma la base de la ira, que puede ser constructiva si es instructiva, como la de una madre hacia su hijo, un maestro hacia un estudiante, un amigo hacia un amigo.

Algunas personas albergan ira sobre un tema en particular durante toda su vida. Una gran cantidad de esta ira se manifiesta como irritación: algunas personas están todo el tiempo, sobre todo con los que tienen más confianza. Al parecer, no solemos enseñarles nuestro mejor perfil a los que tenemos más cerca y, finalmente, las palabras amables y dulces se las reservamos a vecinos, clientes, o colegas... y no a nuestro propio círculo amado.

La ira sólo aumenta el tamaño de cualquier problema. En lugar de simplemente tener que lidiar con los resultados prácticos de alguna injusticia, enojarse significa perder la paz y la felicidad internas. De esta manera, uno pierde más, sólo por el bien de la justicia. Es posible que tengamos todo el derecho a estar enojados, pero también tenemos el derecho del conocimiento de cómo es una emoción.

Repetimos… es preferible expresar ira en lugar de dejar que hierva a fuego lento por dentro. Hay que expresarla hasta dominarla, entenderla, separarse de ella.

En el hinduismo, Durga matando al demonio de la ira llamado Mahisha, simboliza nuestra capacidad de matar al demonio de la ira dentro de nosotros con la ayuda de nuestras energías, como ser el perdón, la aceptación, la calma, el humor, la tolerancia, la paz, etc.

Por sí misma, no se mantendrá durante mucho tiempo debido a los cambios naturales en la química del cuerpo; entonces, si no alimentamos la ira con nuestros pensamientos, bajará por sí misma. Al cambiar nuestra actitud mental, podemos eliminar la base bioquímica de la rabia. Esto consiste en enfriar conscientemente el fuego de la ira.

Al practicar el desapego de las posesiones mundanas, de los miedos y de los frutos de nuestras acciones, la ira desaparece porque las expectativas y demandas se liberan.

Recordemos: aceptar, no esperar, no demandar.

· ·

PANCHANGA O CINCO MIEMBROS

Rasa básico: ira.

Sub-rasas: estrés, irritabilidad, violencia.

Elemento dominante: fuego.

Dosha dominante: pitta.

Guna dominante: rajas.

· ·

10.
Miedo / Bhayanaka: duda, preocupación, ansiedad, celos

Las preocupaciones y los miedos son, a menudo, un juego de la siempre exagerada mente, y el ego sufre porque se identifica con ellas.

A un nivel espiritual, nada nos puede pasar.

El miedo hace que nos protejamos más, por eso nos aseguramos con obras sociales y cosas por el estilo, y los que más tienen, se sienten amenazados y más miedo tienen. Dice Mark Twain: "Mi vida ha estado llena de cosas terribles, la mayoría de las cuales nunca sucedieron". Cuando miramos nuestro pasado y todos los planes que creamos, nos damos cuenta de que nuestra planificación realmente ha tenido poco impacto en lo que sucedió (si querés hacer reír a Dios, contale tus planes). Vemos que el curso de los eventos pasados ha sido imprevisible. El futuro se cuidará solo, no nos preocupemos y sacrifiquemos la felicidad de hoy por eso.

Bhayanaka incluye miedo, duda, preocupación, ansiedad, angustia, celos, terror.

La angustia es prima hermana de la ansiedad, manifestación de que hay algo que no hemos dejado salir. La angustia es similar a la ansiedad en su naturaleza, en su manera de manifestarse y da una sensación de intranquilidad, de inquietud, ante la inminencia de un peligro, una amenaza o cuando se ha recibido una impresión fuerte. En cambio, la ansiedad puede ser la consecuencia de fantasear o un despliegue de pensamientos errantes. El miedo, al exteriorizarse como ansiedad puede ser real o irreal; mientras que la angustia obedece a una reacción natural frente a un peligro concreto.

La ansiedad es la intelectualización del miedo, ya que puede anticipar un posible daño o desgracia y, como toda emoción, puede provocar una pérdida de control sobre nuestra conducta normal.

Los celos aparecen en mayor o menor grado en las relaciones de pareja, su propósito tiene que ver con cuidar aquello que juzgamos como de nuestra propiedad. Surge la rabia y queremos marcar territorio por lo que podemos perder, por eso también conlleva miedo y envidia, pues no queremos que otra persona tenga lo nuestro.

El miedo puede ser al fracaso, al abandono, al rechazo, a la pérdida…, el más poderoso es a la muerte. El concepto de sombra alude a aquellos aspectos de nosotros mismos con los que no nos sentimos a gusto, y que son parte del inconsciente. Estas emociones oscuras pueden ser odio, egoísmo, soberbia, envidia, desprecio...

El miedo tiene una relación directa con el presente-futuro porque proyecta; corporalmente el organismo se puede paralizar antes de tomar una decisión acertada. Con el miedo, el cuerpo puede causar un pico de máxima alerta y, a su vez, pueden sobrevenir el nerviosismo, la ansiedad, la angustia, la preocupación, la inquietud, la duda, la queja.

Las emociones se corporizan en todos los mamíferos: el pelo se les eriza, las plumas se abren, las orejas se levantan, la respiración se acorta, el cuello se contrae, los puños se aprietan, los hombros se encogen, la mandíbula se tensa fácilmente con hostilidad. Se experimenta la aceleración del pulso y la respiración, la cara se vuelve fría, pálida, sudorosa, inmóvil, hay una sensación de opresión en el pecho, la atención se amplifica y los ojos tienen una mirada fija. La rabia la sentimos en el cuerpo, casi como una descarga, dispone al organismo a tomar acción, a ir tras algo.

Para dominar este rasa, necesitamos desarrollar la voluntad y el conocimiento. Cuando no hay nada que perder, no hay nada que temer. El miedo, a menudo, es causado por la ignorancia. Cuando algo se desconoce, la mente sólo puede imaginar lo que puede hacer y, si el ego no tiene suficiente confianza, sólo se imaginarán cosas temerosas. Al mejorar nuestra voluntad y conocimiento, obtenemos más control sobre nuestro cuerpo, mente, ego e intelecto. El miedo desaparece cuando el ego se va, porque es el que se identifica con el cuerpo, sus proyectos y posesiones.

El amor y la amistad también pueden vencerlo, en buena compañía solemos sentirnos más protegidos.

No todo miedo trae el mal, recordemos que toda sombra tiene su luz, el miedo también conlleva precaución, cuidado, atención, prevención, planeamiento, alerta; es nuestra protección natural, que nos mantiene alejados del peligro.

....

PANCHANGA O CINCO MIEMBROS

Rasa básico: miedo.

Sub-Rasas: preocupación, nerviosismo, ansiedad, cuidado alerta, celos.

Elemento Dominante: aire.

Dosha dominante: vata.

Guna dominante: tamas.

....

11.
Rechazo / Vibhasta, aversión, repulsión

Vibhatsa es un sentimiento de insatisfacción con uno mismo y con los demás, y puede derivar en depresión. Manifestaciones de este rasa son las acciones vulgares, las malas intenciones hacia los demás, la coprodispersión. Las acciones incivilizadas y pervertidas, el uso de malas palabras y modales, y mostrar malas intenciones hacia el otro, son todas manifestaciones del vibhatsa rasa.

El ego tiene el poder de controlar o rendirse a este sentimiento de aversión, puede perder el poder de controlar vibhatsa si ha sido profundamente herido, o al ver malas intenciones detrás de las palabras y las acciones de los demás, haciendo que la persona se sienta engañada.

Con la mente manejando libremente los pensamientos negativos y la gratificación personal, vibhatsa conduce al descuido de las responsabilidades, a menudo con respecto a la salud y a los seres queridos.

Este descuido crea una química del cuerpo deteriorada, altamente tamásica, y nuevos fracasos en la vida diaria, lo que asegura aún más las cadenas de la trampa. Baja la inmunidad y la resistencia, lo que crea mal karma.

La mejor reacción a los sentimientos de aversión es ignorarlos, reconociendo que no llevan a ninguna parte más que a una baja vibración

La tarea principal en el dominio del disgusto es, simplemente, detener la identificación negativa. Cuando persisten períodos más largos de vibhatsa, la confianza y la voluntad deben fortalecerse mediante disciplinas (jñana yoga).

La buena compañía (satsanga) como siempre ayuda, ciertamente lo puede hacer desde el momento en que vibhatsa esté lo suficientemente controlada como para permitirse disfrutar de la compañía de los demás, y así convertirse en una compañía agradable.

....

PANCHANGA O CINCO MIEMBROS

Rasa básico: aversión, repulsión.

Sub-Rasas: insatisfacción, vulgaridad.

Elemento dominante: agua.

Dosha dominante: kapha.

Guna dominante: tama.

....

12.
Lo emocional, lo religioso y lo espiritual

El cuerpo habla, de eso se trata el lenguaje corporal. Las manifestaciones del cuerpo, incluyendo las faciales, son contundentes para evidenciar lo que se está sintiendo: se enrojece el rostro, se contraen las vísceras, perdemos el aliento, se suspira, se incrementa la frecuencia cardíaca, aparece el sudor, etc.

La práctica y disciplina emocional no es actuar y graduar todo lo que se siente para que se parezca equilibrado, la emoción está, la cuestión es qué hacer con ella. Aprender a manejarla o soltarla es el camino a tomar, ya que al guardarla se hace cuerpo.

Cuando dirigimos una mirada a nuestras emociones, a veces las encontramos obvias pero otras nos parecen misteriosas, las causas que las originan pueden ser confusas o evidentes, no olvidemos que nuestras decisiones tienen un soporte emocional heredado.

La emoción cambia nuestra biología, eso es epigenética, por lo tanto la comprensión de un hecho, como ser nuestra propia programación, genera una emoción que puede alterar el ADN y/o corregir dicho programa, es decir que las experiencias vividas pueden modificar el código genético.

Esta misma programación habla de "devoción familiar" y de heredar una demanda y una exigencia de nuestros ancestros y nosotros tener que cumplirla...

La mujer a través del embarazo ha transmitido años de tortura y sufrimiento causados por el hombre. Violaciones, padres alcohólicos, violencia, etc., pasan a ser karma que luego se transmite y biodescodificamos (anginas a repetición, no poder tener hijos, ser sostén emocional de alguien, etc.), por eso se repiten las experiencias vividas

Generalmente el karma se interpreta como una "ley" cósmica de retribución, compensación o de causa y efecto, pero es en realidad una ley natural universal, no moral. El karma está lleno de emociones, es esa acción que genera reacción; es en realidad reacción.

Todos somos capaces de controlar la acción, pero no tenemos posibilidad en absoluto de controlar el resultado de ella. De hecho, el resultado final está sujeto a las leyes kármicas, tanto de quien emite como de quien recibe.

Repetimos la historia de nuestros ancestros, el pasado está activo en el presente como orden implicado, plegado, que los Vedas llaman samskara (impresión, surco, huella), aquella impresión en la conciencia que genera una tendencia posterior o vasana. Vemos, pensamos y nos emocionamos acorde a un programa samskara que determina lo experimentado. El samskara es el orden implicado, plegado; vasana es la tendencia, lo desplegado y explicado, la reacción final.

Samskara, viene de "sam": balance y "kri", literalmente acción, pero también como todo lo sánscrito. significa muchas cosas: mejorar, refinar, perfeccionar, impresionar, ordenación, cultivo, educación, purificación, sacramento, consagración, cualquier rito o ceremonia, facultad anímica, concepto intelectual; también samskara son las sustancias que se introducen en los dravyas para aumentar su eficacia.

Estas impresiones mentales no indican determinismo pero sí inclinación, implicando una tendencia o actitud (vasana), que al ser repetidas se hacen hábitos y moldean la conducta (karma). Nuestro presente vive un futuro pasado, gobernado por los patrones de codificación. Finalmente, vemos que la mente es inconsciente, la mayor parte de sus pensamientos son programados.

Por su parte, los vasana pueden ser de dos tipos: vasana, que causan esclavitud: bandha hetu, o vasana que sólo dan goce: bhoga hetu, ya que no todas las impresiones son negativas o nefastas, también el verdadero genio, la verdadera creación y acción, nacen de improntas y experiencias pasadas mucho más profundas que nuestros pensamientos a los cuales, inclusive, moldean y empujan, por ejemplo en aquellos que tiene el "don de", los niños prodigio, los niños índigo.

Samskara es el recuerdo de un hecho asociado a una carga emocional. Con el tiempo, el hecho en sí pierde importancia, es olvidado, pero la carga emocional permanece intacta en nuestro subconsciente y desde allí pasa a determinar nuestra conducta, nuestra forma de vida y nuestra respuesta frente a situaciones similares. Alguna paliza en la infancia, la muerte de un ser querido, quizás la separación de los padres a edad temprana, tal vez el alejamiento de alguno de ellos, alguna experiencia traumática en la escuela, algún episodio de vergüenza en público, un amor frustrado o una traición amorosa, un quebranto político... y así se puede seguir hasta el infinito. Una sola de estas experiencias es suficiente para condicionar la conducta de una persona para toda la vida. En la existencia de un niño hay decenas de experiencias que lo marcan y pasan desapercibidas para los padres y aun para él mismo, porque ensayamos mecanismos de defensa para adaptarnos a cada situación traumática. Otras veces, la muerte fue natural y serena pero, al igual que en nuestra vida presente, ocurrieron miles de incidentes que grabaron a fuego nuestro espíritu, tales como la esclavitud a manos de otros pueblos más poderosos, la persecución religiosa, la tortura, la impotencia frente a una catástrofe, la traición, la mentira, la infidelidad, la culpa, el abuso de poder, el abandono, la castración, el rechazo y miles de situaciones que no necesariamente terminaron con la muerte, pero donde el dolor psíquico fue mucho más intenso que el físico.

Ahora bien, sucede que a lo largo de nuestra evolución, nuestro ser interior (atman, alma o como se lo quiera llamar) ha atravesado miles de existencias. En cada una de ellas hubo infinidad de experiencias traumáticas, centenares de muertes violentas, desde ser devorado por un animal prehistórico, el cráneo destrozado por la maza de algún guerrero primitivo, el ser quemado por la inquisición, quizás guillotinado durante la revolución francesa, tal vez enterrado vivo en el derrumbe de una mina, ahogado en un naufragio o asfixiado en una cámara de gas.

A lo largo de estas existencias, vida tras vida, nuestra alma fue evolucionando, aprendiendo pero, al mismo tiempo, fue grabando cada uno de estos dolores, cada una de las emociones generadas en eventos traumáticos o significativos.

Así, desde la memoria inconsciente se originan nuestros temores, nuestras creencias, nuestras pautas de conducta, nuestra aversión o atracción hacia determinadas personas o lugares o, simplemente, una melodía o una comida. Frente a cada situación de la vida cotidiana respondemos de acuerdo a estas fuerzas del subconsciente.

Los vasana son tendencias del comportamiento: reaccionamos no acorde a lo que está sucediendo sino a lo que nuestra conciencia está reviviendo. También son el residuo de nuestras operaciones mentales, memorias que luego moldearán nuestro comportamiento desde un profundo nivel de programación (semillas kármicas).

Las palabras y acciones repetidas a menudo forman hábitos, y al repetirse en muchas vidas sucesivas se refuerzan, traduciéndose en tendencias o inclinaciones en nuestra conducta, los cuales nuevamente influencian los procesos de pensamiento y reacciones de la mente, derivando una vez más en acciones.

Cuando uno muere, todos los samskara y vasana quedan como registro akáshico (akasha: espacio), y al encarnar nuevamente, éstos se manifestarán influenciando los pensamientos, palabras y acciones.

El intelecto, a través del discernimiento, la aceptación y el desapego del resultado de la acción, propone un cambio de diagnóstico en la vida diaria más allá de toda tendencia o impronta.

Las experiencias vividas pueden modificar el código genético, ergo nuestras decisiones tienen un soporte emocional heredado llamado vasana.

Siempre siguiendo al Ayurveda, vemos que este condicionamiento emocional nos impide experimentar la vida en toda su plenitud, por lo que permanecemos atados a visiones limitadas de nosotros mismos, incapaces de comprender la vastedad de nuestro verdadero potencial, y, mucho menos, poder actualizarlo.

Algo de religión y emoción

Toda emoción devocional se une a una religión y ésta conlleva filosofía, mitología y rituales. La filosofía permea las religiones y la mitología la explica e ilustra por medio de fábulas y cuentos asombrosos. Los símbolos y lo simbolizado ayudan a develar las ideas abstractas y sutiles. Es más, la palabra misma es un símbolo del pensamiento.

Instrumentos de la religión como templos, lugares e imágenes sagradas, rezos, etc., proveen al devoto un lugar y espacio para suavizar la aspereza de la vida, un descanso para una existencia rápida y estresada.

Esos instrumentos le dan una forma más concreta a la filosofía para que todos puedan alcanzarla, así tienden a despertar en la mente de los devotos las ideas simbolizadas por esas cosas concretas... Claro que toda tradición forzosa de religión o familia conlleva hipocresía y falsa devoción.

Cuando existe una autoridad externa se crea una especie de esclavitud. Uno puede ser religioso sin un Dios, ya que la palabra "dios" no es Dios, la existencia y la vida sí lo son. La religión no es hablar sino hacer, casi todos somos creyentes teóricos pero ateos prácticos.

Cuando muchos dicen que aman a Dios, ¿qué es lo que esto significa? Pues que aman una proyección de su propia imaginación, de sí mismos, revestida con ciertas formas de respetabilidad de acuerdo con lo que piensan que es noble y sagrado.

Mi familia es católica, pero ya del verdadero Jesús no queda nada, en nombre de él se ha mutilado, torturado, matado, condenado a la homosexualidad, al aborto, se ha obligado a un matrimonio y a una lealtad imposible de cumplir (como si eso fuera amor). La pasión ciega, han muerto más personas por guerras religiosas que por cualquier otra causa.

La religión no es amiga del pensamiento. Hipnotiza e hipnotizó por años bajo la creencia de que un sacerdote es algo especial, un mensajero de Dios a cual le tenemos que contar nuestros supuestos pecados, como si necesitáramos a alguien para comunicarnos con Él. La hipnosis de la religión, de la sociedad, de los padres, de la programación y el condicionamiento, pueden hacer de cualquier vida el peor de los infiernos. La Navidad es tan solo una fiesta económica que sirve para atender a la familia una vez al año. Pasó a ser un ritual donde nadie festeja lo que se debe; y en el carnaval ya no se sabe qué se festeja. La comunión no es los domingos en misa, sino con todas las cosas de la vida, a cada instante

El devoto va ciego por la vida pues está viendo constantemente una sola cosa, no puede percibir lo demás, se adormece con rituales y mantras. El exceso de devoción conlleva un defecto de pensamiento, se deja de pensar y la realidad son esas herramientas que venera como dioses.

El infierno no es un lugar geográfico, todo es sagrado. La mente es el cielo y es el infierno también. La mente tiene la capacidad de convertirse en los dos.

Dios, o como se lo quiera llamar, no conecta las acciones con sus consecuencias. Tampoco determina los hechos mundanos. Creemos en una religión pues nos da (falsa) seguridad. La mente proyecta todo hacia afuera, en realidad el hombre creó a Dios a su semejanza. No se es peligroso por ser ateo.

Al nacer no somos nada, ni hindúes, cristianos o judíos. De golpe nos abalanzamos sobre el pobre recién nacido y lo llenamos de nuestras creencias.

La verdadera religión no es repetir rituales ni palabras vanas, sino real y profundamente cambiar de mente. La religión es re ligar, re unir. Re ligar es unir la conciencia con la nobleza, más allá de toda fórmula o ritual. Es el conocimiento de nuestro profundo Ser.

El hombre ha sometido durante años a la mujer. Venimos de una cultura medieval donde las mujeres no tuvieron oportunidad siquiera de elegir sus parejas. Y así se casaban... ¿dónde estaba el amor ahí? Aún hoy en muchos lugares la mujer sabe a los 13 años con quién se va a casar y ni siquiera ha conocido a su futuro marido..., ¿qué es esto?

Luego de la pasión inicial y de la luna de miel, el matrimonio ya se terminó; ahí se comienza a engordar y a aburrirse dice Osho. ¿Cómo podés prometer estar al lado de alguien toda la vida? Es imposible, nunca puede funcionar algo así...

Por supuesto, son lindas las parejas que a pesar de estar casadas se llevan bien y son felices. Pero son una minoría (alcanzan los dedos de una mano para contarlas).

Religión no es sentimentalismo ni alucinación, sino una actitud de vida mucho más allá de la creencia. No se es religioso por ir a la iglesia o al templo para repetir oraciones prestadas que no tienen nada que ver con el corazón. Son sólo historias mentales.

Aquel que no cree en el Dios que le vendieron pasa a ser ateo y, para muchos, es peligroso, deshonesto, vil... ¿cómo no se va a creer en un Dios?

¿Por qué esa necesidad de creer en algo?

Las religiones han asustado al hombre y cuando a éste lo invade el miedo, está listo para someterse. ¿Y cómo se lo asusta? Muy fácil, condenándolo en vida con afirmaciones como "si hacés esto o aquello, te irás al infierno".

Los animales y las plantas no necesitan a Dios y son totalmente felices. No hay leones musulmanes ni católicos, hayan nacido donde hayan nacido (tampoco son argentinos ni peruanos).

Muchas personas que leen textos místicos y esotéricos, se sienten especiales y evolucionados, más cerca de la iluminación, y no es más que un escenario ficticio que montaron en sus vidas. Sienten que un dios los ha conducido al lugar adecuado para su crecimiento y evolución; que esa información recibida es muy importante y no puede divulgarse a otros porque no tienen la capacidad para entenderla. Esta forma de arrogancia también se ve en las religiones que se sienten propietarias de dios. Si uno no sigue su culto, está perdido.

Distinto a un sacerdote o monje es el hombre religioso, aquel dispuesto a amar todo, su corazón es puro éxtasis, lleno de canciones y poesía, y nada tiene que ver con el sexo o la moral.

Claro que también hay curas, monjes y hermanas que realmente entregan todas su energía a un acto divino, ya sea con su devoción, su oración, su servicio o lo que sea; he conocido curas que son deportistas y artistas, lo cual es muy bueno, una especie de actualización.

Y que tengan sexo.

La idea no es solo estar libre de pecados, si no libres de cualquier Dios que no sea nosotros mismos. Lo que creemos que somos grita tanto que no nos deja escucharnos.

Todas nuestras acciones nacen de pensamientos; rituales, dogmas, religiones, conductas, nacionalidades, moral, tradiciones... ¿No son acaso también inventos del pensamiento? Muchos piensan que un sacerdote es un ser superior al que uno se debe rendir y hasta contarle sus intimidades. Cuando existe una autoridad externa se crea una especie de esclavitud. Dice la filosofía de los Upanishads:

"aham brahmasmi", que significa yo soy Dios, yo soy la conciencia cósmica.

Dependiendo del lugar donde uno nazca, será la religión que se va a tener. Y todas conllevan rezos, plegarias, oraciones o mantras, rosarios, rituales (como hacer la señal de la cruz frente a una Iglesia), confesiones, tener estampitas o figuras de dioses, santos, cruces, cantar canciones devocionales, etc., que pueden ser útiles pero ¡la cosa no termina ahí!

El alma es el verdadero ser, el ego es el obstáculo. Ser asceta o recluirse es un disfraz del ego.

El infierno no es un lugar geográfico, todo es sagrado. La mente es el cielo, la mente es el infierno también. La mente tiene la capacidad de convertirse en los dos.

Baruch de Spinoza fue un filósofo neerlandés considerado uno de los tres grandes racionalistas de la filosofía del siglo XVII, junto con el francés Descartes. Esto es lo que escribió sobre Dios hablándonos a todos nosotros:

"¡Deja ya de estar rezando y dándote golpes en el pecho! Lo que quiero que hagas es que salgas al mundo a disfrutar de tu vida. Quiero que goces, que cantes, que te diviertas y que disfrutes de todo lo que he hecho para ti.

Deja ya de ir a esos templos lúgubres, oscuros y fríos que tú mismo construiste y que dices que son mi casa.

Mi casa está en las montañas, en los bosques, los ríos, los lagos, las playas. Ahí es en donde vivo y ahí expreso mi amor por ti.

Deja ya de culparme de tu vida miserable; yo nunca te dije que había nada mal en ti o que eras un pecador, o que tu sexualidad fuera algo malo

El sexo es un regalo que te he dado y con el que puedes expresar tu amor, tu éxtasis, tu alegría. Así que no me culpes a mí por todo lo que te han hecho creer.

Deja ya de estar leyendo supuestas escrituras sagradas que nada tienen que ver conmigo. Si no puedes leerme en un amanecer, en un paisaje, en la mirada de tus amigos, en los ojos de tu hijito... ¡No me encontrarás en ningún libro!

Confía en mí y deja de pedirme. ¿Me vas a decir cómo hacer mi trabajo?

Deja de tenerme tanto miedo. Yo no te juzgo, ni te crítico, ni me enojo, ni me molesto, ni castigo. Yo soy puro amor.

Deja de pedirme perdón, no hay nada que perdonar. Si yo te hice... yo te llené de pasiones, de limitaciones, de placeres, de sentimientos, de necesidades, de incoherencias, de libre albedrío ¿Cómo puedo culparte si respondes a algo que yo puse en ti? ¿Cómo puedo castigarte por ser como eres, si yo soy el que te hice? ¿Crees que podría yo crear un lugar para quemar a todos mis hijos que se porten mal, por el resto de la eternidad? ¿Qué clase de Dios puede hacer eso?

Olvídate de cualquier tipo de mandamientos, de cualquier tipo de leyes; esas son artimañas para manipularte, para controlarte, que sólo crean culpa en ti.

Respeta a tus semejantes y no hagas lo que no quieras para ti. Lo único que te pido es que pongas atención en tu vida, que tu estado de alerta sea tu guía.

Amado mío, esta vida no es una prueba, ni un escalón, ni un paso en el camino, ni un ensayo, ni un preludio hacia el paraíso. Esta vida es lo único que hay aquí y ahora y lo único que necesitas.

Te he hecho absolutamente libre, no hay premios ni castigos, no hay pecados ni virtudes, nadie lleva un marcador, nadie lleva un registro.

Eres absolutamente libre para crear en tu vida un cielo o un infierno.

No te podría decir si hay algo después de esta vida, pero te puedo dar un consejo. Vive como si no lo hubiera. Como si esta fuera tu única oportunidad de disfrutar, de amar, de existir.

Así, si no hay nada, pues habrás disfrutado de la oportunidad que te di. Y si lo hay, ten por seguro que no te voy a preguntar si te portaste bien o mal, te voy a preguntar ¿Te gustó? ¿Te divertiste? ¿Qué fue lo que más disfrutaste? ¿Qué aprendiste?

Deja de creer en mí; creer es suponer, adivinar, imaginar. Yo no quiero que creas en mí, quiero que me sientas en ti. Quiero que me sientas en ti cuando besas a tu amada, cuando arropas a tu hijita, cuando acaricias a tu perro, cuando te bañas en el mar.

Deja de alabarme, ¿qué clase de Dios ególatra crees que soy?

Me aburre que me alaben, me harta que me agradezcan. ¿Te sientes agradecido? Demuéstralo cuidando de ti, de tu salud, de tus relaciones, del mundo. ¿Te sientes mirado, sobrecogido? ¡Expresa tu alegría! Esa es la forma de alabarme.

Deja de complicarte las cosas y de repetir como perico lo que te han enseñado acerca de mí.

Lo único seguro es que estás aquí, que estás vivo, que este mundo está lleno de maravillas.

¿Para qué necesitas más milagros? ¿Para qué tantas explicaciones?

No me busques afuera, no me encontrarás. Búscame dentro... ahí estoy, latiendo en ti".

Mente y emoción colectiva

Por generalización, se refiere como masa crítica a un fenómeno por el cual, una vez que una cierta parte de una población ha oído hablar de una nueva idea o aprendido una nueva habilidad, la difusión de dicha idea o habilidad entre el resto de la población se produce en forma instantánea, a través de lo que Rupert Sheldrake llama un campo morfogénico, es decir, en este campo están almacenados en una memoria colectiva los acontecimientos anteriores y los sentimientos relacionados de un grupo. Siguiendo estos campos, la información nunca se pierde e, inclusive, hay una memoria colectiva, así como una mente colectiva donde las ondas se hacen pensamiento (objeto).

Científicos japoneses estaban llevando a cabo un estudio sobre macacos en la isla de Koshima. Supuestamente estos científicos habrían observado que algunos de estos monos aprendieron a lavar batatas, y poco a poco este nuevo comportamiento se extendió a través de la generación más joven de la manera habitual: a través de la observación y la repetición. Los investigadores descubrieron que una vez que se alcanzó un cierto número crítico de simios el llamado "mono100" la conducta aprendida se extendió instantáneamente por las islas cercanas, cruzando el mar.

Vemos una bandada de pájaros gigantes y, de golpe, cambian todos de dirección, todos van para el mismo lado. Ocurre con las hormigas, los peces y todo ser vivo que esté sumergido en este campo morfogénico donde la información circule.

En las constelaciones familiares aparecen los campos morfogénicos, y vemos cómo esa emoción viaja por todos los concursantes a través de la pranósfera.

Así como una emoción daña, otra comprende y sana: epigenética.

Este campo estaría constituido por las formas y actitudes de todos los individuos pasados de dicha especie, y su influencia moldearía a todos sus individuos futuros: Cada especie animal, vegetal o mineral posee una memoria colectiva a la que contribuyen todos los miembros de la especie y a la cual conforman. Si un animal aprende un nuevo truco en un lugar (por ejemplo, una rata en Londres), les es más fácil aprender a las ratas en Madrid el mismo truco. A cuantas más ratas londinenses se les enseñe ese truco, más fácil y rápido les resultará a las ratas de Madrid aprenderlo. Ello permitiría explicar cómo adquieren los animales sus instintos, incluidas las complejísimas habilidades que muestran algunos desde pequeños. A través de la resonancia afectiva del campo morfogénico, otros comenzarán a resonar con lo que estamos experimentando. Esto se utilizó desde la Antigüedad en el teatro y la danza para llevar al público a un viaje a través de sus emociones.

Si el actor o bailarín puede imitar la emoción, arrastran al público hacia la experiencia de sus emociones.

El código genético, es decir el ADN, sólo describe los aspectos menos sutiles de la herencia, incorporamos nuestra forma a la memoria colectiva de la especie, engrosándola e incrementando así su influencia.

Todos hemos crecido con la idea de que los recuerdos están almacenados en el cerebro. Usamos esa palabra intercambiándola con otras como "mente" o "memoria". Aunque, como se está comprobando, el cerebro es más un sistema de sintonización que un dispositivo de almacenamiento de memoria. Uno de los argumentos principales para la localización de ésta en el cerebro es el hecho de que ciertos tipos de daño cerebral pueden conducir a una pérdida de memoria. Si el cerebro es dañado en un accidente de coche y alguien pierde la memoria, la suposición obvia es que el tejido de ésta ha debido ser destruido. Pero no es necesariamente así.

Un ejemplo: si dañara tu aparato de TV para que fueras incapaz de recibir ciertos canales, o si lo enmudeciera mediante la destrucción de la parte relacionada con la producción de sonido a fin de que únicamente pudieras recibir imágenes, esto no probaría que éstas y el sonido estaban almacenadas dentro de la televisión. Lo que habría ocurrido es que yo habría afectado el sistema de sintonización para que no pudieras recibir la señal correcta. Siguiendo este mismo razonamiento, podemos concluir que no está probada la pérdida de la memoria por un daño cerebral, ya que no está probado que aquella esté almacenada dentro del cerebro. De hecho, la mayor parte de la memoria perdida es temporal: la amnesia que sigue a una conmoción, por ejemplo, es a menudo por un tiempo, no definitiva. Esa recuperación es muy difícil de explicar en términos de teorías convencionales: si los recuerdos han sido destruidos porque el tejido de memoria lo ha sido, no deberían regresar de nuevo; y sin embargo a menudo lo hacen.

Hay muchos intentos de localizar trazas de memoria en el interior del cerebro, el más conocido de los cuales fue realizado por Kart Lashley, el gran neurofisiólogo americano. Entrenó ratas para que aprendieran trucos, después cortó pedazos de sus cerebros para determinar si todavía podían hacer trucos. Para su asombro, encontró que podía retirar más del cincuenta por ciento del cerebro –cualquier 50%– y no había virtualmente ningún efecto en la retención de este aprendizaje. Cuando lo retiró todo, los animales no podían realizar ya los trucos, así que concluyó que el cerebro era necesario de algún modo para la ejecución de la tarea, lo cual no es precisamente una conclusión muy sorprendente. Lo que sí lo fue es cuánto del cerebro podía suprimir sin afectar a la memoria.

Lo que Lashley (al menos en alguno de sus escritos) no parece haber considerado, es la posibilidad de que los recuerdos pueden no estar almacenados en el cerebro en absoluto, esta idea es más consistente por los datos disponibles que las teorías convencionales.

Al considerar la teoría de la resonancia mórfica de la memoria, podríamos preguntarnos: si sintonizamos con nuestros propios recuerdos, ¿por qué no sintonizamos también con los de otras personas? Pues lo hacemos, debido a que hay una memoria colectiva con la que todos estamos sintonizados. Este concepto es muy similar a la noción de memoria colectiva y las neuronas espejo, aquellas células que se activan sensorial y motrizmente frente a otro acto. Esto se evidencia más en los animales y los bebés, y es terreno de la neurociencia cognitiva social, del aprendizaje por imitación.

¿También la empatía con el otro, sentir lo mismo, se transmite por los campos mórficos?

Jung pensaba la memoria inconsciente como una memoria colectiva: la de la humanidad. El conocimiento existe, el hombre sólo lo descubre. Pensaba que la gente estaría más sintonizada con miembros de su propia familia y raza y grupo social y cultural, pero que, no obstante, habría una resonancia de fondo de toda la humanidad: una experiencia común o promediada de cosas básicas que toda la gente experimenta (por ejemplo: la conducta materna y varios patrones sociales y estructuras de experiencia y pensamiento). No sería tanto una memoria de personas particulares del pasado sino como estructuras de memoria llamadas arquetipos. La noción de Jung de inconsciente colectivo tiene extremadamente buen sentido en el contexto del enfoque general de esta nueva manera de ver la biología. La teoría de la resonancia mórfica conduce a una reafirmación radical del concepto junguiano de inconciente colectivo. Esto indica que también podríamos sintonizar con el inconsciente de otras personas, y ello nos acerca al inconsciente colectivo postulado. La sintonización por resonancia con la memoria reciente de otras personas puede igualmente ser la explicación de fenómenos como la telepatía.

Aclaro, como siempre, que todo lo que escribo en algún lado lo leí, escuché, me lo enseñaron, lo copié, lo memoricé... y algo, tal vez, imaginé... ¡y qué importa! Todo pertenece al pull de pensamientos de los campos mórficos; muchas veces nuestros propios pensamientos vienen de afuera y, así, a través de estos campos, uno puede invadir otras mentes con solo pensarlo.

A través de los campos morfogénicos, lo que nosotros llamamos pranósfera, se captan pensamientos proyectados y, de acuerdo con la capacidad de cada uno, se emiten pensamientos similares. El resultado es que, sin conocer las consecuencias de nuestro propio pensamiento, estamos poniendo en movimiento grandes fuerzas que trabajan unidas, ya sea para bien o para mal

No se es más espiritual por hacer yoga o meditación si en la vida diaria no se cambia nada; convertirse en vegano orgánico, prender inciensos, recitar mantras, usar ropa holgada o viajar a la India y leer libros sobre iluminación espiritual, muchas veces es solo un cambio de postura para sentirse superior; y la idea de que se es superior es la indicación más grande que se cayó en otra trampa sutil del ego.

Ese mismo que viene por la puerta de atrás: "Yo soy vegetariano, ¡¿vos no?!".

Inclusive, ese ego menosprecia a aquellos que no están siguiendo su camino espiritual, cuando el único que existe es ir hacia adentro, no para los demás.

Afuera no hay nada sagrado si no se sale de adentro, y si sale de adentro, afuera todo es sagrado.

Nuestros pensamientos toman forma en algún lugar de la pranósfera y activan potenciales que otras personas pueden usar de una forma inconsciente, haciéndonos co-responsables de todo lo que ocurre alrededor.

Cuantos más seamos los que pensemos, sintamos y vivamos de una forma positiva, más influiremos en el cambio de nuestro mundo, de ahí la importancia de la masa crítica del pensamiento positivo.

13.
Jardín de mente

En el jardín de mente (demente) crecen muy distintas plantas, las cuales podemos llamar emociones o rasa: Pensamientos, Alegrías, Dudas, Compasiones, Culpas, Amor, Paz, Bienestar, Broncas, Miedos.. Y aquella que reguemos, pues, crecerá.

Cada una de estas plantas tiene su particularidad, así las que llamamos Pensamientos son las, tal vez, más fuertes, pueden resistir cualquier cosa, hasta algunas mutan a Alegrías... pasa que otras también mutan a Euforias o Tristezas y pueden así degenerarse.

Las Broncas crecen cerca de los Pensamientos, las Alegrías duran poco, salvo que uno las riegue mucho. Aunque vemos que muchas crecen sin siquiera atenderlas y encima son las que crecen más rápido: son los yuyos (Odios, Celos, Envidias).... Pero no queda todo ahí, pues la mayoría de éstos son las que dañan al resto del jardín, ya que ocupan toda su energía y espacio, no dejando crecer al resto.

Y si uno no está atento, cada vez crecen más.

Y más.

Tenemos un jardín de emociones en la mente, es el jardín de mente demente, y los yuyos crecen fácil y luego son difíciles de erradicar...

Va a crecer, en definitiva, lo que más cuidemos, todo a su tiempo y forma como veremos luego.

Y si estamos en pareja, son dos jardines los que tenemos que atender, si no sabemos nutrir el nuestro, no podemos ayudar al otro.

Estos jardines necesitan cuidado y atención, si no crecen yuyos y se marchita.

El jardinero, que sería el intelecto, primero siembra en el terreno adecuado, oportunamente sigue el ritmo de las estaciones, riega cuando es necesario ni más ni menos, ahuyenta las plagas, poda lo necesario para un mejor crecimiento y sabe dejar que la planta crezca por sí misma cuando ya tiene sus bases bien arraigadas.

Buda llama segunda flecha a la herida posterior que nosotros mismos nos hacemos luego de que fuimos heridos, por medio de preocupaciones, protestas, quejas, miedos, culpas, cargos de conciencia, etc. Hay que evitar la segunda flecha, la primera es el sufrimiento, la segunda son la bronca y la resistencia, la reacción que generamos nosotros mismos.

Más sobre los pensamientos y las emociones

Sin pensamientos no hay mente, sino conciencia, que es instantánea, el conocimiento es pensado. En cuanto aparece el pensamiento, surge el observador y el objeto observado. Por lo general, cada pensamiento o decisión está inspirada en un específico sentimiento o emoción, por eso hay que estar atento a qué clase de instinto emerge en nosotros en cada decisión o pensamiento. Cada vez que opinamos, lo hace nuestra madre, nuestro padre, nuestra nación, la gente que nos rodea, nuestra cultura, el karma, las emociones, el dosha, etc. Somos nuestros padres y, más aún, nuestra madre, por más que no lo advirtamos.

La felicidad es una decisión, un hábito, un entrenamiento, una disciplina.

La condición básica del bienestar es la libertad.

Soltar y dejar ir es una acción del intelecto, el miedo es un importante elemento que está por debajo del apego

Existe un verdadero arte y es el arte de parar. No tenemos la verdad, ella nos tiene a nosotros.

No somos dueños de los pensamientos, ellos simplemente aparecen suceden, vienen y van, no hay un pensador que tenga uno. La mente es un suceso, una consecuencia.

La voluntad (prana) es la herramienta más importante para promover la felicidad y sobreponernos a la negatividad. La atención apunta, la intención actúa, ambas forman la voluntad.

El estado de ser una víctima es muy frecuente, atención a las situaciones donde nos echamos la culpa por errores ajenos, no se debe permitir que nos menosprecien en público, que nuestros hijos nos falten el respeto, ni podemos negarnos la satisfacción sexual, fingir que amamos a otros, trabajar en algo que odiamos... Las víctimas siempre encuentran buenas razones para sus aprietos, pero ese rol es voluntario.

Hay muchos egos que están en un estado casi constante de negación y queja mental, cortando ese fluir del prana. Negación es lo opuesto a aceptación; no se puede discutir con lo que es (o fue). Cada discusión lleva a la no aceptación y al desequilibrio consecuente.

Y no significa que aceptemos que nos peguen, envenenen la tierra, haya pobreza, falta de agua, pobre educación o zoológicos y caza de animales… espero se entienda. De esto último me he quejado varias veces al gobierno actuante en ese momento.

Las quejas mentales son otra acción de nuestro ego oponiéndose al momento presente de lo que es, es el propio ego proyectando su vida. Pueden ser referidas a personas, situaciones, el tiempo, el país, el padre, el hijo, el jefe, los empleados…

El reclamo permanente aleja. ¡Hay que huir de los quejosos!, recordemos que alimento es todo lo que entra por los sentidos.

El mundo del pensamiento es el mundo de la dualidad del nombre y de la forma.

Los pensamientos, las palabras, y las definiciones fragmentan la integridad, descomponen una realidad en elementos separados

Los pensamientos aparecen y desaparecen, imágenes, recuerdos, ideas… pasan, vienen, van, al igual que la tristeza, la frustración, el miedo o la duda.

Alguna vez leí esta frase: "mal acabará quien pretenda adentrarse en el futuro ignorando lo que sucedió en el pasado, porque entonces no vivirá el presente".

La mente existe aunque el cerebro esté muerto.

Se puede ir al pasado, al futuro y hasta a un presente alternativo; qué sucedería si yo viajo al pasado y mato a mi abuelo... entonces no podría haber nacido pero, ¡sí en un mundo paralelo, en otro tiempo y espacio! El electrón puede estar o no estar en dos lugares a la vez, es posible que existan múltiples mundos paralelos. Yo podría viajar al pasado y matarme a mí mismo, pero habría dos historias diferentes a partir de ese punto.

El presente no es más que todo el pasado aplastado en mí ahora, el pasado está sobre nosotros en cada pensamiento, en cada emoción, en cada refrán, en cada vivencia que se vuelve recuerdo y experiencia.

La memoria y la imaginación son procesos mentales y conforman el denominado tiempo que, a su vez, es es la mente en pasado y futuro, mientras que la vida es ahora.

Somos el tiempo que tenemos ahora. Nosotros somos el tiempo.

Resumir el pasado, imaginar el futuro... ambas cosas suceden ahora.

El tiempo nunca se repite y nunca se acaba, en cada instante podemos renacer, recrearnos. El tiempo cambia todo, ergo, todo cambia, eso es lo único que no cambia.

El intelecto se puede manifestar en muchísimas formas diferentes, pero es muy difícil concentrarse o memorizar algo en lo cual no hay interés.

El espacio genera prana (energía, voluntad, acción), el tiempo pensamiento, y éste etiqueta todo lo que aparece, así, "yo soy el que piensa" es otro pensamiento.

A veces hacemos cosas no porque nosotros creamos que son importantes sino porque los demás creen que lo son, así rezamos, adherimos a tradiciones o hacemos actos que no entendemos. Persiguiendo algo supremo vamos perdiendo nuestra felicidad, nuestra libertad, y sufrimos para conseguir algo que no es más que nuestro ego manifestándose.

Uno no es el mismo de niño que de joven o de adulto, sin embargo, los tres están en la misma persona. Y no somos esa misma persona pero tampoco somos totalmente diferentes. Uno no cambia, pero puede no ser el mismo.

Mnesis es recuerdo y amnesia falta de memoria o de recuerdos. Claro que tener memoria puede ser una virtud o un calvario, igual hay muchas "memorias": de capacidades y competencias, semántica, declaratoria, reglas mnemotécnicas, de lugares, de rostros, etc. Desde ya, la memoria ayuda a programar el futuro y a no repetir errores; menciono a aquella que es repetitiva de errores del pasado, aquella memoria kármica que, sin querer o sin darnos cuenta, alimentamos nosotros mismos.

Vimos que la memoria es la forma más poderosa para hacer que las emociones persistan. Purificando la memoria purificamos la mente, y para ello tenemos que terminar de digerir las emociones que nos ocupan lugar y no nos dejan mover.

La mente ve para atrás, está en la espalda, se rige por el pasado. El intelecto es el puente del presente al futuro.

Un pensamiento puede cambiar mucho más rápido que una emoción, ésta es más densa, pesada y hasta puede modificar nuestros genes, según lo comprobado por la epigenética y estudiado por la biodescodificación.

Por más que uno trate, no puede estar libre del ego; por eso el primer paso es la auto observación con el intelecto, o sea aceptación de todo lo que ocurre, y desapego del resultado de la acción.

Si cambiamos mente por intelecto vemos otra película, ya que el futuro siempre vuelve y nos cuenta suavemente, hasta en silencio, muchas cosas.

Percepción-acción. La relación entre los extremos puede ser directa, como el reflejo, sin mediar procesos cognitivos (conocimiento) y tampoco puede ser inhibida por la mente. La emoción, si bien pertenece a la mente, es tan rápida que escapa al proceso mental. El ego actúa para defender el cuerpo, pero reacciona tan rápido que la reflexión no alcanza, llega tarde... por eso es siempre es mejor mantener silencio, esperar y ver qué pasa.

Controlando la boca, controlamos el ego (y el sobrepeso), por eso bajar el habla baja los pensamientos. Mauna, el silencio; uno es dueño de lo que calla y esclavo de lo que dice, un terrible sutra...

Tenemos inconsciente, consciente y autoconsciente, o sea la conciencia de ser consciente. Conciencia de uno mismo. En el inconsciente las emociones toman el control, en el consciente me doy cuenta de la emoción que estoy teniendo y el autoconsciente es la reflexión en la emoción, y frenarla o transformarla antes que suceda... Su peor enemigo es el ego.

El pensamiento racional nos permite diseñar estrategias para contrarrestar el peso de las emociones.

Todo problema es un pensamiento, que debemos resolver, soportar o alejarlo.

El cerebro trinitario comprende el reptiliano que es el tronco encefálico, el instinto; el límbico que es el emocional donde están el hipotálamo y la amígdala y luego el córtex, el intelecto. Las funciones mentales podemos sistematizarlas en instinto, intelecto, intuición y emoción. Las dos últimas son las formas reactivas del cerebro

Así como una sola gota de tinta puede colorear todo un vaso de agua, un deseo o un apego puede colorear toda nuestra mente, toda nuestra percepción, y toda nuestra acción.

El conocimiento es el entendimiento y apreciación de lo que es, ya que el universo es una experiencia más que una cosa. El conocimiento no es la apreciación de lo que uno cree que es, según sus percepciones. No es una creencia ni es una especie de idea intelectual o teórica.

La experiencia es emocional también, el conocimiento de lo que he experimentado es bien diferente.

El conocimiento es algo que puede, a la vez, contradecir la experiencia, y resolver las aparentes contradicciones de ésta. Ejermplo: la experiencia, en la mayor parte del mundo, es que el sol sale cada día por el Este y viaja al Oeste donde se pone. Conocimiento: con respecto a la tierra, el sol es fijo, ni sale ni se pone y tampoco se mueve en un círculo. La apreciación de este hecho es conocimiento. La visión de un sol que sale y se pone puede ser una experiencia hermosa; pero en términos de conocimiento es una ilusión.

Las experiencias pueden contradecirse entre ellas; el conocimiento abarca y las reconcilia. El conocimiento no puede ser contradicho (si no, no es conocimiento).

Nuestra mente como es no puede existir sin auto engaños, parece que no podemos vivir con la verdad, necesitamos sueños, ilusiones, y mentiras a fin de poder existir. Nuestra mente se alimenta de ellas.

Finalmente, todo lo que entre por los sentidos, creará un pensamiento y una emoción. Es más, somos seres emocionales que (a veces) razonamos

Así vemos que la comunicación humana hoy es emocional más que intelectual. Como ya dijimos, esas reacciones y emociones, al parecer, entran por una puerta que había quedado abierta deliberadamente (karma). El Ayurveda sostiene que la llave maestra es la auto observación y escuchar a la intuición, que es esa verdad que irrumpe sin pasar por nuestros pensamientos y trasciende la mente, además no requiere de razonamiento alguno, es el futuro que nos susurra en los espacios silenciosos que hay entre nuestros pensamientos, dejando así una semilla, un repentino saber que nos transforma. Pasa que después pensamos la intuición y nos complicamos.

Todos los pensamientos y emociones negativas liberan sustancias químicas tóxicas que modifican no sólo el fluir de la sangre, ya que pueden acelerarla, estancarla o hacerla irregular, sino que distribuyen esa toxina (cortisol, acidificación sanguínea, radicales libres) a todas las células del organismo.

Si uno busca en su mente, verá millones de problemas y condicionamientos del pasado y de su actual vida. Todo potenciado por nuestro ego quien, a la vez, inventa o agranda los más mínimos problemas.

La emoción es inseparable de nuestra toma de decisiones.

Siempre repito que el alimento para el Ayurveda es todo lo que entra por los sentidos, pues me parece un sutra genial; a veces nos alimentamos con gente tóxica que está alrededor nuestro y que son un agujero negro, personas que nos chupan nuestro prana, nuestra energía. Solamente el verlas nos hace sentir mal.

Podemos concluir que todos nuestros pensamientos y emociones se manipulan desde el exterior, transformando la mente en un suceso, una consecuencia que ya está programada.

Ser testigo es estar atentos, sobre todo a nuestra propia mente. La identificación con ésta y el ego es lo que enferma (ídem: igual, *ficare*: hacer; creer que soy eso). Creer que uno es la mente es creer en la muerte, y eso nos da miedo, angustia y ansiedad.

Ser testigo es estar en el presente, es observar, lo que no significa no actuar sino que la acción sucede, sale por sí sola aunque no haya gente activa. La emoción nos afecta todos, nos guste o no, y hay pastillas para las emociones.

Estamos dejando atrás una era farmacológica importante, donde se generan efectos nocebos y placebos de las drogas, acorde a quién y cómo las dé.

El efecto nocebo es aquel que ocurre cuando nos dicen algo doloroso, si esto no se digiere mentalmente se puede sufrir una serie de eventos adversos como consecuencia de creer que un medicamento o terapia no funcionará o nos perjudicará, o que no hay cura posible para la dolencia. Así quedamos atrapados en el miedo, la confusión, la angustia o la depresión.

El efecto placebo, por el contrario, es el despertar del doctor interno, el *vis medicatrix naturae* de Hipócrates, o sea la fuerza natural a la curación (o auto curación).

Ambos efectos demuestran que el pensamiento es mucho más poderoso que el medicamento. El arte de dejar atrás esa emoción es súper-arte

Hasta hace poco se creía que las dolencias no eran tomadas en serio si los médicos no medicaban; parecía que el R/P era el certificado de recuperación garantizada.

Y actualmente muchas personas tienen colecciones de medicamentos, influenciadas durante años por la compulsiva propaganda en TV de los laboratorios, donde ya desde chico a uno le hacen ver que es natural enfermarse y tomar drogas.

Ya somos muchos los que pensamos distinto, los que no creemos en el paradigma farmacológico.

Con la mente adecuada la medicación es innecesaria, sin la mente adecuada la medicación es ineficaz.

Cada uno es la sociedad y, si cada uno cambia, pues cambia la sociedad.

14.
Disciplina de la emoción:
Rasa sadhana

Rasa sadhana es una antigua tradición tántrica que se puede traducir como ayuno o práctica emocional; se trata de una comprensión y de un manejo de las emociones que puede que no nos traiga la iluminación, pero nos acerca bastante a la serenidad.

Disciplinar la emoción es una parte de nuestra capacidad cognitiva que, básicamente, facilita el comportamiento interpersonal. La inteligencia emocional es absolutamente esencial para formar, desarrollar y mantener relaciones personales cercanas.

Esta práctica consiste en que por un día o una semana, nos fijamos en no dejarnos afectar por uno de los rasa menos deseables en nosotros mismos (autocrítica, autoconocimiento), o nos concentramos de lleno en uno de los agradables. El sadhaka o practicante entiende que el principal deseo es obtener conocimiento de sí mismo y, luego de obtenido ese conocimiento, viene la liberación del yo. El ayuno de emociones se puede integrar fácilmente con otros caminos del yoga y rituales espirituales, en beneficio de ambos.

Si hacemos sadhana sobre la ira, por ejemplo, cuando sintamos la menor irritación, sólo el recuerdo de nuestra propuesta de no ceder ante la ira, creará un espacio, una distancia entre nosotros y el sentimiento de enfado. Eso suele ser suficiente para disminuir o disolver la ira. A través de la práctica regular, descubriremos que podemos dominar los rasa.

Rasa sadhana es sobre reprogramar la mente y las respuestas emocionales, modificar nuestros genes con nuestra disciplina.

La definición de disciplina en su forma más simple es la coordinación de actitudes, con las cuales se instruye para desarrollar habilidades, o para seguir un determinado código de conducta u "orden". Un ejemplo es la enseñanza de una materia, ciencia o técnica, especialmente la que se dicta en un centro (docente - asignatura). Con origen latino, a menudo el término "disciplina" puede tener una connotación negativa. Nos recuerda a la ejecución forzosa de una orden regulada a través de una sanción, sin embargo disciplina, discípulo, disco, discere, todas estas pañabras significan aprender para saber hacer.

El ejercicio físico también requiere disciplina y voluntad; ser sedentario incrementa el riesgo de enfermedad. Al transpirar se despide agua, eso es grasa, y emociones. Si esa agua no la seco o elimino, la lloro, me deprimo, o la enquisto (tumores). El ejercicio físico actualmente (yoga, aeróbico, Pilates, deportes, etc.) es más para la mente que para el cuerpo.

El Yoga es otra de las herramientas que nos ayuda a bajar la intensidad de las emociones y a dirigirlas hacia un estado más sáttvico de calma. La mente es inestable y difícil de centrar, pero se puede dirigir por la práctica constante. La meditación ayuda a observar y a mejorar la mente... y a calmarla.

El manejo de la emoción es una habilidad no un rasgo y como tal se puede perfeccionar. El trabajo que podemos hacer con las distintas emociones, la práctica del ayurveda - yoga, el estilo de vida, más el conocimiento y la voluntad, son herramientas prácticas muy útiles, que ayudan para cualquier aspecto de la vida. Dice la *Bhagavad Gita* (canto del Señor): "dedícate a realizar tu deber, abandona el apego, no tengas ambición por los resultados de tus acciones y permanece en equilibrio ante el éxito o el fracaso. A esta ecuanimidad, se la llama yoga".

Las rasa son los aspectos o energías que definen las emociones y nuestros estados de ánimo. Las primeras son, sobre todo, información. Es también la respuesta del organismo a un reflejo interior o exterior. Podemos observarlas, aceptarlas, y respirarlas, antes de actuar. Somos seres emocionales, sensitivos, sensibles, creativos y la energía fluye a través de nosotros.

Sabemos que las condiciones mentales y emocionales afectan al cuerpo físico. La conexión cuerpo y mente es real; es más, es una sola entidad. El desarrollo en la salud de estas sensaciones y de los pensamientos, afecta directamente al cuerpo, a la oxigenación y química de las células y a su homeostasis o equilibrio.

Hay emociones "constructivas", que impulsan, que son creativas, que animan y potencian la energía; y hay emociones "destructivas", que reprimen y destruyen. Éstas te informan de que algo no va bien, de que hay que actuar sobre algo y buscar una transformación. Esta parte corresponde al intelecto llamado buddhi. Cuando está en desequilibrio, todo está en ese estado y las emociones se apoderan de nosotros/as.

Tampoco hay que sentirse culpable ni nada parecido por ser humano. Tenemos luz y también sombra. Integrar lo que somos es parte del proceso.

La propuesta es contemplar la emoción que surja y que nos dejamos llevar por ella.

La conciencia por su lado, no juzga. Mientras que la mente distingue y selecciona, la conciencia incluye. Mientras que la mente analiza, filtra y reconoce, la conciencia revela. Mientras que la mente cuestiona y tiene dudas, la conciencia sabe.

Por eso, esta práctica de rasa sadhana ayuda a contemplar aquellas emociones negativas en las que uno se ve involucrado. La cuestión es ser conciente y conseguir verlo desde la humildad. Hay que reconocer las emociones, su grado y fuerza, evitar que se disperse hacia los demás, y no dejarnos llevar por ellas.

Entendiendo el mecanismo de estas emociones y de nuestra propia mente, se puede lograr un control por medio de la práctica del ayuno emocional (rasa sadhana). Así, si aparece la ira y se está conciente de ella y se toma distancia, no se la alimenta: Luego, la disciplina se hace hábito y aprendemos a ser Master de nuestras emociones. Algunas son sáttvicas como el amor, la alegría, la paz; otras rajásicas como el enfado y la aversión, otras tamásicas como el miedo y la tristeza. Claro que, en nombre del amor, también se ha codiciado, poseído, maltratado y matado.

Somos seres de relación, la vida lo es, todo lo es. Vivimos relacionándonos unos con otros, por más aislado que uno quiera estar, y la manera en que nos relacionamos con los demás es el aspecto más importante, que forma parte de la armonía y la serenidad de la vida en sociedad. En India se enseñan cuatro leyes de la espiritualidad.

La primera dice: "La persona que llega es la persona correcta", es decir que nadie llega a nuestras vidas por casualidad, todas las personas que nos rodean, que interactúan con nosotros, están allí por algo, para hacernos aprender y avanzar en cada situación, ya sea para bien o para mal.

La segunda dice: "Lo que sucede es la única cosa que podía haber sucedido". Nada, pero nada, absolutamente nada de lo que nos sucede en nuestras vidas podría haber sido de otra manera. Ni siquiera el detalle más insignificante. No existe el: "si hubiera hecho tal cosa… hubiese sucedido tal otra…". No. Lo que pasó fue lo único que pudo haber pasado, y tuvo que haber sido así para que aprendamos esa lección y sigamos adelante. Todas y cada una de las situaciones que nos suceden en nuestras vidas son perfectas, aunque nuestra mente y nuestro ego se resistan y no quieran aceptarlo…

La tercera dice: "En cualquier momento que comience es el momento correcto". Todo comienza en el momento indicado, ni antes, ni después. Cuando estamos preparados para que algo nuevo empiece en nuestras vidas, es allí cuando comenzará.

Y la cuarta y última dice así: "Cuando algo termina, termina". Simplemente así. Si algo terminó en nuestras vidas, es para nuestra evolución, por lo tanto es mejor dejarlo, soltarlo, seguir adelante y avanzar ya enriquecidos con esa experiencia.

Rasa sadhana es sobre reprogramar el cerebro, reprogramar las respuestas emocionales.

Pasa que se sigue enseñando como antaño y no sabemos controlar impulsos, entender una emoción, contemplar la naturaleza, estar en paz. Los valores eternos más allá del tiempo, el espacio y la forma. Capital de... Batalla de... el largo del Nilo es..., logaritmos y pretéritos pluscuamperfectos..., mientras la humanidad ha tomado otro giro, ve otras cosas. Sé la capital de todos los países, la altura del Everest, el largo de los ríos y la historia de la humanidad... pero no sé.

Sé mucho pero no sé nada. No puedo manejar una emoción y hasta puedo matar por ella. Apenas nos descuidamos, el ego y la mente se apoderan de nosotros y empezamos a demandar, a quejarnos, a angustiarnos, a malhumorarnos, a preocuparnos, etc. Así, el mediocre finge saber y esa es la barrera para saber. Se culpa a otros por lo que sufrimos, mientras que el propio ego es la única causa de ello. La violencia es la espada del ego; el que enseña pegando o gritando sólo enseña a pegar y gritar.

Cambiamos con la acción, no con la opinión.

Todos los pensamientos y emociones negativas liberan sustancias químicas tóxicas que modifican no sólo el fluir de la sangre, ya que pueden acelerarla, estancarla o hacerla irregular, sino que distribuyen esa toxina (cortisol, acidificación sanguínea, radicales libres) a todas las células del organismo.

La emoción es inseparable en nuestra toma de decisiones.

Según la masa crítica que vimos, cuando un determinado número crítico de individuos logra un estado nuevo de conciencia, esta nueva vibración puede ser transmitida al resto de la sociedad para bien o para mal.

Cuantos más seamos los que pensemos, sintamos y vivamos de una forma positiva, más influiremos en el cambio de nuestro mundo; de ahí la importancia de uno, que suma a la masa crítica del pensamiento positivo.

Todo cambia si uno cambia.

Quién dice que no esté naciendo una nueva vibración alta de pensamiento, una nueva forma de ver las cosas y que, cuando esta nueva conciencia llegue a su masa crítica, esa fuerza natural se esparcirá por todo el planeta.

Gracias por estar ahí.
Abrazo,
Fabián

Fabián J. Ciarlotti

Facebook: AYUM Ayurveda Yoga
Universidad Maimónides
yoga.ayurveda@maimonides.edu

Facebook: Escuela Espacio Om
Ayurveda Yoga
escuelaespacio.om@gmail.com

Índice